신(神)의 발자국

정은일 지음

쿰란출판사

머리말

인생을 살아가는 자세가 사람마다 다르겠지만, 좀 진지하게 살아가는 사람이라면, 반드시 이런 질문을 가지고 있을 것입니다.

첫째, 이 세상은 어떻게 해서 생겨났을까?
자연적으로 생겨났을까? 아니면 정말 신이 만들었을까?

둘째, 정말 신이 만들었다면, 대체 그 신은 누구일까?
이 책을 펼쳐든 당신도 이런 질문을 해 본 적이 있을 것이고, 지금도 끊임없이 질문하고 있을 것입니다. 그리고 나름대로는 자신만의 대답도 가지고 있을지도 모르겠습니다.

이 책은 정답을 주기보다는 정답을 찾아가는 하나의 과정을 보여 주기 원합니다.

이 책에서 보여 주는 과정이 아니더라도 얼마든지 다른 과정으로 해답을 찾을 수 있다고 생각합니다. 단 누구라도 이해하고, 납득할 수 있는 상식선에서의 과정이라면 진리로 가는 길목에서 꼭 만나게 될 것을 확신합니다.

편하게 이 책을 읽어 가면서 주인공과 함께 그 해답을 찾기를 바라고, 그동안 자신이 가지고 있던 해답과 비교해 보는 즐거움도 만끽하기 바랍니다.

진리를 찾아가는 당신의 여정이 흥분되고, 행복하기를 진심으로 바랍니다.

2011년 6월 1일
정 은 일

차례

머리말_ 02

첫 번째 이야기_ 과학과 종교 07
두 번째 이야기_ 가설과 입증 16
세 번째 이야기_ 내기 25
네 번째 이야기_ 소개팅 37
다섯 번째 이야기_ 현미경과 망원경 45
여섯 번째 이야기_ 지구의 과거 57
일곱 번째 이야기_ 재회 72
여덟 번째 이야기_ 석탄과 석유 82
아홉 번째 이야기_ 갈등 98
열 번째 이야기_ 기분 전환 110

열한 번째 이야기_ **노력 이상의 것** 125
열두 번째 이야기_ **첫 번째 가설** 140
열세 번째 이야기_ **두 번째 가설** 149
열네 번째 이야기_ **빈자리** 163
열다섯 번째 이야기_ **빙하의 진실** 173
열여섯 번째 이야기_ **석유의 진실** 186
열일곱 번째 이야기_ **충격** 198
열여덟 번째 이야기_ **문명사의 진실** 211
열아홉 번째 이야기_ **확신** 225
스무 번째 이야기_ **필연** 235

첫 번째 이야기

과학과 종교

"일어나세요, 일어나세요, 안 일어나? 에이 대포나 한 방 맞아라 빵! 일어나세요, 일어나세요, 안 일어나? 에이 대포나 한 방 맞아라. 빵!"

알람이 요란하게 울리고, 우인은 겨우 이불 속에서 손을 뻗어 알람을 껐다. 대학을 다니기 위해 서울로 올 때, 동생 현우가 무미건조한 알람보다는 어딘가 모르게 정감이 있다고 하면서 선물로 준 것이다. 우인은 알람을 들을 때마다 현우가 장난치는 것 같은 착각에 빠지곤 한다. 그리곤 일어나서 장난기 많은 현우의 얼굴이 떠올라서 피식 웃곤 한다.

오늘은 논문 지도교수를 만나러 가는 중요한 날이기에 아침부터 서둘러야 했다. 허겁지겁 씻고, 아침을 대충 토스트로 때우고, 옷을 찾았다. 다른 날보다 옷이 신경쓰였다. '교수님은 어떤 스타일을 좋아할까?' 그래도 공식적인 첫 만남인데 정장을 차려입고 가야겠다고 생각했다.

어머니가 사주신 정장을 옷장에서 꺼내 들었다. 순간 자기를 위해서 고생하시는 어머니가 생각이 났다. 추운 한겨울만 빼고는 늘 밭과 논에 쪼그리고 앉아 자식들을 위해 열심히 일하시는 어머니였다. '내가 빨리 박사학위를 받아서 호강시켜 드려야 하는데…….' 우인은 속으로 다짐했다.

다른 어느 때보다도 활기찬 모습으로 집을 나서서 지하철역으로 향했다. 지하철역 앞에서 뭔가를 나누어주는 아주머니들이 순간 밭에서 쪼그리고 앉아 일하시는 어머니의 모습과 겹쳐서 보였다.

그래서 엉겁결에 나누어주는 것이 뭔지 보지도 않고 그냥 받았다. 지하철역에 들어서니 전동차가 막 들어서고 있었다. 빠른 발걸음으로 성큼성큼 계단을 올라 겨우 전철을 탔다. 가방을 짐칸에 올려놓고, 아까 받았던 전단지를 보았다.

"예수 믿고 천국 가세요."

순간 우인의 얼굴에 어이없는 웃음이 보였다.

'잠깐이나마 어머니 생각하며 받아든 전단지가 겨우 예수쟁이들 광고지라니.'

우인은 초등학교 5학년 때에 교회를 다닌 적이 있었다. 친구 따라 갔었지만 별로 흥미를 느끼지 못했다. 어렸을 때에 이야기

책에서 보았던 동화 같은 이야기들을 들은 기억이 난다. 그래서 성경에 나오는 몇 사람은 안다.

'아담, 아브라함, 다윗, 골리앗, 모세……'

그러다가 중학교에 다니면서부터는 교회와 거의 멀어졌고, 고등학교를 다니면서 세계사와 과학을 배우면서는 교회와 아예 담을 쌓아버렸다. 성경이 더 동화처럼 느껴졌기 때문이다.

그러다 대학 2학년 때 친구 지훈이랑 교회를 몇 번 갔었다. 지훈은 공부도 잘하고, 과대표를 할 정도로 대인관계가 원만하고 리더십도 있는 좋은 친구였다. 우연히 조별 발표 때 같은 조여서 서로 대화를 나누다가 가까운 친구로 발전했다. 보면 볼수록 부럽고 존경스럽기까지 한 친구였다. 인격적인 면이나 성격, 그리고 좋아하는 운동도 같아서 금방 친해졌다.

그러나 과학적인 사고를 하는 우인에게 교회에서 하는 설교나 성경 이야기는 여전히 허황된 것이며, 동화처럼 느껴졌다. 심지어 설교하는 사람들이 사람들을 종교의 노예로 만들려고 현혹시키는 것처럼 보여서 살짝 분노가 치밀어오르기까지 했다.

좋은 사람들하고 어울리고 인격적인 도움이 되는 것은 좋지만, 이성적으로 받아들여지지 않는 것들을 믿는 척, 인정하는 척 하기가 쉽지 않았다. 오히려 그것이 죄를 짓는 것처럼 느껴졌다.

지훈은 "자꾸 듣다 보면 믿어진다"고 했지만, 우인은 그런 지훈에게 왠지 모를 실망감이 들었고, 그 후로는 지훈과 점점 멀어졌다.

'지금 어디서 뭐 하고 있을까.'

"다음은 신촌, 신촌역입니다."

이런저런 생각을 하다 보니 신촌에 도착했다는 안내 방송이 들렸다. 가방을 들고 내리면서 논문과 교수님에 대한 생각이 났다.

'논문, 그래 지금 나에게 중요한 것은 논문이다.'

"똑똑."
"들어와요."
"안녕하세요? 교수님. 저는 이번에 교수님께 논문을 지도받을 정우인입니다."
"어서 와요. 강의 시간에 눈여겨봤는데 이렇게 만나게 되다니 나도 반가운걸."

강의 시간에 자기를 눈여겨봤다는 말에 우인은 안도감을 느꼈다. 그래서 더 밝은 표정으로 대답했다.

"저도 평소에 교수님의 수업을 좋아하고 존경하고 있었습니다. 교수님이 제 지도교수님이 되셔서 행운이라고 생각합니다."
"하하, 그런가?"

박 교수는 읽고 있던 책을 덮었다. 그때 무슨 책을 읽고 있는지 궁금해 하던 우인의 눈에 성경책이 들어왔다.

"아니, 교수님이 교회를 다니세요?"

우인은 너무 의아한 나머지 그냥 질문이 튀어나와 버렸다. 마치 말도 안 된다는 것처럼.

그러자 박 교수는 빙긋이 웃으며 말했다.

"왜, 내가 교회를 다닌다니까 이상한가? 좀 됐지."

박 교수는 그때를 회상이라도 하듯이 미소를 띠며 말을 했다. 그런데 그 미소 속에는 뭔가 의미심장한 일이 숨겨져 있는 것처럼 보였다.

우인은 뭐라고 대답하기가 어려웠다. 금방이라도 '어떻게 과학자가 하나님을 믿어요? 에이, 그건 말도 안 돼요. 증거도 없는 동화 같은 이야기를 어떻게'라는 말이 나올 뻔하였지만, 논문을 잘 통과하기 위해서 꾹 참고 있었다.

그런 우인의 마음을 아는 듯 박 교수가 침묵을 깨고 말을 건넸다.

"자네, 지금 혼란스럽지?"

"아, 네, 혼란스럽다기보다는 교수님이 좀 이상하게 보이십니다. 아니, 솔직히 말하자면 과학과 감정을 편리대로 분리하는 기회주의, 아 죄송합니다. 제 말은 그런 뜻이 아니라……."

순간 우인은 자기 말에 박 교수가 불쾌하지는 않았을까 걱정하며 얼굴을 바라보았다.

그러나 박 교수는 기회주의라는 말에도 전혀 개의치 않고 미소를 지으며 말했다.

"자네의 심정을 이해하네. 전에 나도 그런 생각을 한 적이 있었지."

"아, 네."

우인은 박 교수의 말에 안도감을 가지기는 했지만, 솔직히 여전히 기분은 이상했다. 박 교수에 대한 존경심은 흔들리고, 논문 지도가 잘 될까 하는 걱정이 들었다고나 할까. 박 교수 밑에서 논문을 쓰는 일이 조금 후회가 되기 시작했다. 덩달아 논문의 가치도 떨어지지는 않을까 하는 걱정까지 들었다.

그런 복잡한 심정을 알았는지, 박 교수는 차분히 말을 이어가기 시작했다.

"우인 군, 자네는 과학적인 사고를 하면서 살고 있는가?"

"예, 그렇게 하려고 노력하는 편입니다."

우인은 갑자기 이야기의 태도가 변한 박 교수의 말에 조심스럽게 대답했다.

"그러면 자네는 기독교나 성경에 대해서도 과학적인 사고로 판단을 해보았는가?"

"무슨 말씀이신지……. 제가 알기로는 종교와 과학은 서로 별개의 영역이라고 알고 있는데요. 종교는 그냥 자기들이 믿는 신념을 체계적으로 만들어서 믿는 것일 뿐인데, 그것을 어떻게 과학적인 사고로 판단을 합니까? 그러면 이 세상에 존재하는 모든 종교들은 다 없어지지 않겠습니까?"

우인은 그냥 짧은 대답만 하다가는 박 교수의 논리에 휘말릴 것이라는 생각에 자기 생각을 당돌하게 말하는 것이 좋겠다 싶었다. 그래서 더 이상 기독교나 하나님 이야기가 나오지 않도록 서로 다른 영역이라고 못을 박고 싶었다. 가는 곳마다 귀찮게 하는 예수쟁이들에게 질렸는데, 논문을 써야 하는 교수마저 그런다면 짜증날 것 같았기 때문이다.

그러자 박 교수가 이번에는 단호한 어조로 말을 이어갔다. 그의 얼굴에는 미소가 사라지고 약간 굳은 듯한 표정이었다.

"그런 태도로는 좋은 연구를 하기가 힘들 텐데."

갑자기 돌변한 박 교수의 태도에 우인은 움찔했다. 사실 우인은 종교 이야기만 나오면 화가 났다. 특히 기독교나 성경에 대해서는 더 그랬다. 그래서 상대를 가리지 않고 비아냥거리거나 무시하듯이 말하는 버릇이 있었다.

박 교수가 굳은 표정으로 말을 이었다.

"과학자가 되려면 모든 것을 과학적인 사고로 관찰하고, 자료를 분석하고, 검증하고, 판단해야 한다네. 자네 연구 논문도 당연히 그래야 하고, 종교까지도 마찬가지지."

"종교도 과학적인 사고로 분석하고 판단한다고요? 그러면 존재할 종교가 있을까요?"

우인은 반항하는 마음이 있었지만, 최대한 억제하면서 질문하듯이 말했다.

"그렇게 과학적으로 검증된 종교가 진짜 종교 아니겠나?"

진짜 종교라는 말을 듣는 순간 우인은 이상한 느낌을 받았다. 지금까지 모든 종교는 다 같은 방식으로 존재하고, 다 같은 방식으로 자기들의 신념을 퍼뜨린다고 생각했었다. 그러니까 종교는 다 그렇고 그런 것이라고 생각했다. 그러나 진짜가 있고, 가짜가 있다고 한다.

우인은 그 말을 듣는 순간, 진짜가 정말 있다면 한번 가려보고 싶다는 마음이 조금 들기도 했다. 그것은 마치 남자에게 배신당한 여자가 모든 남자는 다 똑같이 늑대고 나쁜 놈이라고 생각하다가, 진짜 착하고 순수한 남자가 따로 있다는 사실을 깨달았을 때 느끼는 막연한 희망과도 같은 것이었다.

"그럼 교수님은 과학적인 사고로 검증과 판단을 하시고 나서 지금 교회를 다니고 계신 건가요?"

조금은 도전적이면서 또 한편으로는 궁금해서 물었다.

"그렇다고 봐야지."

이 말을 하는 박 교수의 얼굴에서는 그 알 수 없는 미소가 다시 돌아왔다.

"우인 군, 지금 우리 눈에는 보이지 않지만, 공기 중에 산소가 있으니까 우리가 호흡할 수가 있는 거라네. 알고 있지?"

"예, 알고 있습니다."

"그런데 과학이 발달하기 전에는 그걸 몰랐어. 과학이 발달하니까 공기의 존재를 알게 되었고, 산소의 존재를 알게 된 것이지. 지금 보이지 않고, 모른다고 해서 그것들이 존재하지 않는 것은 아니라네. 과학이 발달하면 할수록 지금은 알 수 없는 존재들을 더 잘 알게 되는 것이지."

"그럼 신의 존재도 과학으로 알 수 있다는 말씀이세요?"

"당연하지. 그래서 성경에도 이런 구절이 있다네."

"하나님께서는 사람들에게 하나님을 알 수 있게 하셨으므로 사람들 속에 하나님을 알 만한 것이 있다는 것은 분명합니다. 세상이 창조된 이래로 하나님의 보이지 않는 성품인 그분의 영원한 능력과 신성은 그가 만드신 만물을 보고서 분명히 알 수 있게 되었습니다. 그러므로 사람들은 핑계를 댈 수 없습니다"(로마서 1:19-20, 쉬운성경).

"정말 존재하는 신이라면 자신을 알도록 발자국을 남긴다네. 그 신의 발자국을 과학적으로 따라가다 보면 신을 만나게 되겠지. 그러므로 과학이 발달하면 할수록 신의 존재는 더 증명이 될 것이고, 그렇게 증명되는 신이 진짜 신이고, 그런 신을 믿는 종교가 진짜 종교라고 봐야지."

우인은 갑자기 멍해졌다. '과학이 신의 존재를 밝혀주고, 오히려 진짜 종교를 가려내 주다니.' 전에 가지고 있던 생각들이 깨지면서 멍해졌다. 갑자기 과학이 자기가 생각하는 것보다는 훨씬 더 광범위한 것이라는 위압감을 느끼기 시작했다.

그런 우인이의 생각을 간파했는지 박 교수는 웃으면서 말했다.

"내가 너무 많은 말을 했나 보군. 자, 이제 우리 논문 이야기나 할까?"

교수연구실을 나온 우인은 머리가 복잡했다. 지금까지 자기는 모든 것을 잘 배우고, 잘 정리하며 성장해 왔으니까 이제 좋은 교수를 만나서 논문만 잘 쓰면 될 것이라고 생각했다. 그런데 자기의 사고 틀이 너무 좁았고, 그래서 자기가 정리한 모든 것들이 정확하지 않을 수 있다는 사실에 혼란스러웠다. 이런 마음으로는 논문을 제대로 쓸 수가 없을 것만 같았다.

학교에 오는 발걸음은 희망과 자신감에 차 있었지만, 집으로 돌아가는 발걸음은 혼란과 답답함으로 무겁기만 하였다.

'내 생각이 정말 옳은 것일까? 아니면 틀린 것일까?'

집으로 돌아가는 우인이의 머릿속에는 당장에 써야 할 논문의 주제와 가설보다도 자신의 사고의 틀이 틀렸을 수도 있다는 생각이 더 크게 자리를 잡았다.

두 번째 이야기

가설과 입증

"똑똑."

우인은 노크를 하고 기다렸다. 그런데 응답이 없었다. 그래서 다시 노크를 했다.

"똑똑."

그런데 이번에도 아무 응답이 없었다. '혹시 안 계신가?' 안내판을 보니 분명히 재실이라고 돼 있다. 그때 안에서 소리가 들렸다.

"예, 들어와요."

"안녕하셨어요? 교수님."

"아 우인 군, 어서 오게나."

"노크를 했는데 응답이 없기에 안 계신 줄 알았습니다."
"아, 내가 잠깐 기도 좀 하느라고 그랬어. 미안하네."
기도라는 소리를 듣고, 우인은 또 한번 이상했다. 어렴풋이 아줌마들이 소리를 내서 기도하는 모습이 떠오르면서 교수님의 모습과 얼른 연상이 되지 않았기 때문이다.
"교수님도 기도를 하세요?"
조심스럽게 묻자, 박 교수는 활짝 웃으면서 말했다.
"그럼 당연하지, 나도 다른 분들처럼 기도도 한다네."
"아 예."
우인은 자신이 마치 선생님은 화장실도 안 가는 줄 아는 초등학생인 것처럼 느껴졌다.
'내가 왜 이러지?'
박사 학위를 받고 교수가 되는 것이 꿈인 우인에게는 교수에 대한 환상이 있었다. 보통 사람들보다 한 수 위의 생각과 인격을 가지고 있는 고상한 분들. 어려움이나 힘든 일이 있어도 깊은 사고와 통찰력으로 문제를 파악하고, 해결책을 찾아내는 분들. 보통 사람들처럼 미신이나 종교에 기대거나 빠지지 않고, 인간의 이성만으로도 충분히 살아가는 분들이라는 환상이었다.
'그런데 그런 교수님이 하나님께 기도를 하고 있었다니.'
석사 과정을 거치고 박사 과정을 하면서 점점 더 교수들과 가까워질수록 이런 환상이 깨지더니 이제는 기도하는 교수를 만난 것이다.
"교수님! 기도하면 정말 하나님이 들어주시나요?"
우인은 과학적인 사고를 강조하는 교수님이 어떤 마음으로 기도를 하는지 궁금했다.

"기도를 들어주실 때도 있고, 안 들어주실 때도 있지."

박 교수는 빙긋이 웃으면서 대답하였다.

"그러면 하나님이 들어주신 것인지 안 들어주신 것인지를 어떻게 알 수 있나요? 이루어지면 들어주셨고, 안 이루어지면 안 들어주셨나 보다 그렇게 생각하나요?"

우인은 그동안 과학적인 사고를 가진 사람은 기도에 대해 어떻게 이해하고 받아들이는지 궁금했다.

"기도는 자기 마음의 소원이나 바람을 신에게 간청하는 것이지. 그렇기 때문에 신을 믿는 종교라면 기도가 다 있지."

"그러면 다른 종교의 기도와 기독교의 기도가 뭐가 다른가요?"

"사실 기도하는 사람의 목적이나 내용은 다 같다고 보네. 단지 기도의 대상이 진짜 신인가 아닌가가 가장 중요한 차이라고 봐야지."

"그러면 교수님은 기독교가 믿는 하나님만이 기도를 들어주시니까 진짜 신이고, 다른 종교는 기도가 이루어지지 않으니까 진짜 신이 아니라고 말씀하시는 건가요? 그러면 다른 종교에서도 기도하여 병이 낫기도 하고, 기적 같은 일이 일어나는 것을 어떻게 설명하실 수 있나요?"

우인은 그동안 마음 속으로만 가지고 있었던 기독교에 대한 답답함과 반발심을 자기도 모르게 표출하고 있었다. 오직 하나님만이 참 신이고, 참 종교라고 강조하는 기독교인들이 사실은 이기적이고, 배타적으로 보여서 은근히 미웠기 때문이다.

"허허, 자네도 기독교에 대해 반감을 가지고 있는 줄은 몰랐는데?"

도전적으로 질문하는 우인이의 태도에서 박 교수는 그의 반감을 느끼고, 주의를 환기시키고 싶었다.

"내 입으로 하나님만이 진짜 신이고, 기독교만이 진짜 종교라고 말하지 않겠네. 자네 입으로 그렇게 결정하고 말해야지."

순간 우인은 어이없는 웃음이 나와 버렸다.

"예? 제가 왜 그렇게 말해야 하나요?"

"아니, 그렇게 말하라는 것이 아니라 자네가 과학적인 사고를 가지고 진짜 신을 연구하다 보면 진짜 신을 만나게 될 것이고, 그 때 자네 입으로 그렇게 말하게 될 것이라는 말이지."

'또 과학적인 사고라는 말이 나오는군. 대체 교수님은 어떤 것을 과학적인 사고라고 말씀하시는 것일까?'

혼자 생각하고 있는데 박 교수가 이어서 말한다.

"나는 모든 기도에는 어느 정도의 힘이 있다고 믿는다네. 한 사람이 자기의 마음과 정성을 다해 어떤 소원을 빈다면, 기도의 대상이 진짜 신이냐 아니냐를 떠나서 어떤 변화는 있을 것이라고 본다네. 정신일도하사불성(精神一到何事不成)이라는 말도 있잖나. 흔히 말하는 염력이라는 것도 그럴 것이고, 옛날 어머니들이 새벽마다 정화수를 떠놓고 비는 기도도 그렇고. 진짜 기도라면 간절함이 배어 있을 것이고, 간절한 소원은 병을 낫게도 하고, 상황을 바꾸고, 사람의 마음도 바꿀 수 있을 것이라고 믿네."

"그러면 굳이 무슨 종교를 가지고 기도할 필요는 없지 않을까요?"

"그렇게 생각할 수도 있지. 그러나 간절하게 기도하는 사람의 마음만으로도 그런 힘이 나타난다면, 정말 능력 있는 진짜 신에게 간절하게 기도한다면 어떻게 되겠나?"

"당연히 그 신이 기도대로 이루어주겠지요."

"바로 그것일세. 기도의 목적이 뭔가? 자기의 소원대로 되는 것이 목적이지. 그러면 어떤 방법을 사용해야 하는가? 가장 효과적으로 자기 기도가 이루어지는 방법이겠지. 그것이 바로 진짜 능력 있는 신에게 기도하는 거야. 그럴 때 기도는 가장 강력하게 이루어지겠지. 그렇다면 효과적으로 기도하기 전에 먼저 해야 할 일이 무엇이겠는가?"

"진짜 신을 찾는 것이겠지요."

"맞았다네. 그 진짜 신을 과학적인 사고로 찾을 수 있고, 그렇게 찾아야만 한다네. 그래야만 진짜 신이고, 어떤 상황에서도 변함없는 신념이 될 수 있는 것이지. 왜 사람들이 상황 따라 변하는지 아는가? 과학적인 사고로 판단하지 않고 주관적인 감정으로 판단하기 때문일세."

우인은 이제 본격적인 질문을 해야 할 때가 왔다고 느꼈다.

'그러면 정말 신을 과학적으로 찾을 수 있단 말인가? 그렇기만 하다면 그런 신의 도움을 받는 것이 좋겠지.'

"교수님, 그러면 어떻게 진짜 신을 과학적으로 증명할 수 있다는 말씀이신가요?"

"하하, 이제 궁금증이 생기는가 보군."

"교수님이 하도 과학적인 사고를 강조하시니까 어떻게 그것이 가능한지 궁금할 뿐입니다."

"그래. 과학이 발달하기 이전에는 과학적인 사고를 할 수 없었기 때문에 나타나는 증상들만 보고 믿을 사람은 믿고, 믿지 못하는 사람은 그냥 무시하고 살았지. 그러나 과학이 발달하면서 사람들은 존재하는 모든 것들을 연구하게 되고, 그 속에 존재하는 원리와 법칙을 발견하게 되었지. 모를 때는 우연이라고 생각했지만, 알고 보니까 필연이라고 깨닫게 된 거야. 그러면서 미래를 비교적 정확히 예견하게 되었고, 과거도 정확히 해석할 수 있게 되었다네."

"그러면 신도 자연과학으로 알 수 있다는 말씀이세요?"

"하하, 그 부분이 상당히 궁금한 모양이군. 조금만 더 들어보게. 오늘날 자연과학은 상당한 발전을 이룩했지. 그러나 그것은 어디까지나 물질인 자연에 관한 학문일세. 그런데 신은 물질이 아니라 비물질인 영적인 존재지. 그러니까 자연과학은 신을 연구하는 방법으로는 적합하지 않다네."

"지금까지 교수님은 계속 과학적인 사고로 신을 알 수 있다고 하셨잖습니까?"

"그랬지. 조금만 더 들어보게. 어떤 물질이 존재하는지를 알 수 있는 방법은 두 가지라네. 하나는 그 물질을 직접 관찰하는 것이고, 둘째는 그 물질로 인한 영향을 관찰하는 방법이지. 앞서 말한 대로 영적인 존재인 신은 비물질인 관계로 자연과학으로 직접 관찰할 수는 없네. 그러므로 둘째 방법, 즉 신의 영향을 과학적인 사고로 관찰, 연구해서 신을 증명할 수가 있네. 알리바이의 원리와 같은 방식이지."

"그러면 신이 아니라 신의 영향을 받은 것을 찾아서 관찰, 연구하면 신의 존재를 알 수 있다는 말씀이신가요?"

"그렇지. 비유를 들어서 설명하겠네. 공기 중에 산소가 있는지를 아는 과학적인 방법을 아는가? 공기와 피로갈롤 수용액을 혼합해 보면 되네. 무색인 피로갈롤 수용액이 갈색으로 변하면 산소가 있다는 증거지. 반면에 비과학적인 방법은 뭘까? 간단해. 사람이 숨을 쉬면서 계속 있으면 산소가 있다는 증거야. 산소 자체를 입증하는 것이 아니라 산소가 절대적으로 필요한 사람을 가지고 입증하는 방법이지."

"그렇게 설명해 주시니까 이해가 갑니다."

"또 이렇게 예를 들 수 있네. 어떤 자동차 박람회장에 최신식 스포츠카가 전시되고 있었다네. 그 차에는 지금까지 차에서 볼 수 없었던 진기한 장치들이 장착돼 있어서 사람들의 이목을 끌고 있었다네. 차가 갑자기 공중으로 붕 떠서 헬리콥터처럼 날기도 하고, 다시 땅으로 내려앉아서는 차처럼 달리기도 하는 스포츠카였지. 사람들은 점점 이렇게 훌륭한 차를 누가 만들었는지 궁금해했다네. 그러자 대부분의 사람들이 '에이, 이런 차를 어떻게 사람이 만들겠어요? 어쩌면 먼 외계에서 온 것이 분명해요' 라고 말하기 시작했어. 그러자 사람들은 그럴 수도 있겠다는 생각에 고개를 끄덕였다네. 그러자 자동차와 전혀 가까울 것 같지 않은 외모를 한 어떤 초라한 노인이 사람들에게 말했다네. '이 차를 내 손으로 직접 만들었습니다.' 그러자 어떤 사람은 '지금 무슨 소리를 하고 있소. 당신이 어떻게 이 차를 만들었단 말야. 이 차는 분명히 외계 어디에선가 온 것이 분명해' 라고 말하기도 했고, 또 어떤 사람들은 '당신이 이 차를 만들었군요. 정말 멋있습니다. 내

차도 그렇게 만들어 주세요' 라고 말하기도 했다네. 자 그럼, 자네가 그 자리에 있다면 자네는 그 초라한 노인에게 어떻게 반응하겠는가?"

"저 같으면 그 노인에게 증명해 보라고 하겠습니다."

"어떻게 말인가? 조립하는 것을 본 적이 없으니까 분해하고 다시 조립하라고 할 텐가?"

"저 같으면 그 차에 대해서 몇 가지를 물어보겠습니다. 쉽게 알 수 없는 부품이나 구조에 대해서 묻고, 그 대답이 사실인지 확인하고 맞으면 인정해주고, 틀리거나 설명을 제대로 하지 못하면 무시하겠습니다."

"그렇지, 바로 그것이 과학적인 사고일세. '무조건 무시하지 말고, 또 무조건 믿지 말라. 주장을 듣고, 입증하도록 하라.' 그것이 과학적인 방법, 실증적인 방법일세. 논문도 그렇게 쓰는 거야. 자, 이제 숙제를 내주겠네."

갑자기 숙제라는 말에 우인은 깜짝 놀랐다.

'지금까지 논문에 대해서는 한 마디도 없었는데 갑자기 무슨 숙제를……'

"무슨 숙제를 내주시려고요?"

"진짜 신이 있다면 우주만물 특히 이 지구와 어떤 관련이 있겠는가?"

"진짜 신이 있다면 모든 것은 그 신이 만들었겠지요."

"좋아, 그럼 자네는 다음 만날 때까지 우주 만물을 자기가 만들었다고 주장하는 신이 어떤 신들이 있는지 조사해 오게. 그러면 그것을 가설로 정하고 자연과학적으로 그 말이 사실인지 입증

해보면 어떤 신이 진짜인지 알 수 있겠지. 해보겠나?"

우인은 이런 생각을 한 번도 해본 적이 없었다는 생각이 문득 들면서 한 번쯤은 해볼 필요가 있다고 생각했다.

"예, 한 번 찾아는 보겠습니다."

"좋아, 이제 그럼 우리 논문 얘기나 해볼까?"

세 번째 이야기

내기

잠자리에 들기 전에 커피 한 잔을 마시면서 조용히 생각을 정리하던 우인은 이상한 느낌을 받았다. 우인은 지금까지 이성적이고 합리적으로 살려고 노력하고, 또 그렇게 산다고 생각해 왔다. 그 결과 사람들이 명문대라고 말하는 대학에 와서 좋은 성적을 거두고, 석사 학위를 받고, 이제 박사 학위 논문을 쓰려고 한다.

지금까지 전공을 살리고, 교수가 되기 위해 열심히 공부해 왔다. 교수가 되어서 고생하신 어머니에게 효도를 하고, 마음껏 연구도 하고, 사랑하는 아내를 만나 행복한 가정도 꾸리고 싶었다. 때로는 부족한 학비와 생활비 때문에 힘들어서 그냥 취직을 하려고도 생각해 봤지만, 회사에서 주어지는 일과 역할에 매여서 살기보다는 자유로운 영혼이 되고 싶었다. 자유롭게 책도 좀 읽고 연구도 하고, 방학을 이용해서는 자유롭게 여행도 하고 싶었다. 그 어떤 것에도 구속받기 싫어하는 성격이라 교수가 딱 맞는 직업이라고 생각했다.

어쩌면 그런 성격이기 때문에 교회에 가서도 적응하지 못했던 것 같다. 자기들의 교리대로 무조건 믿으라고 강요하는 성경공부, 항상 똑같은 결론으로 끝나는 설교를 들으면 답답하고 그냥 벗어나고 싶은 마음뿐이었다.

교수가 되는 것 외에는 다 뒤로 미루고 살았는데, 이제 박 교수를 만나서 종교에 대해서 이야기를 하게 된 것이다. 가장 중요한 순간에, 가장 중요한 사람이 신에 대해서 말을 하는 것이다. 그런데 싫지는 않았다. 처음에는 부담스러웠지만, 점점 이야기를 하다 보니까 괜히 싫어하거나 도망갈 이야기가 아니었다. '합리적이고 과학적으로'라는 자신의 모토를 버리지 않고도 얼마든지 이야기할 수 있겠다는 생각이 들었다.

처음으로 답답하지 않으면서 종교 이야기를 할 수 있었다는 것이 이상했다. 더 정확히 말하면 금방 안개가 걷혀서 저편에 뭔가가 있는지 없는지 분명하게 확인할 수 있을 것이라는 기대감도 느껴졌다. 사실 종교 문제는 완전히 무시하지도 못하고, 그렇다고 다른 사람들처럼 그냥 덮어놓고 믿을 만한 문제는 아니었기 때문에 항상 어정쩡한 태도를 취해 왔다.

'어떻게 숙제를 해야 할까?'
우인은 이상하게 자신의 논문보다 교수님이 내준 숙제가 더 생각이 났다. 그래서 인터넷 검색창에 논문 자료가 아니라 '세계 종교 분포도'라고 쳤다. 그러자 종교 분포도가 화면에 나타났다.

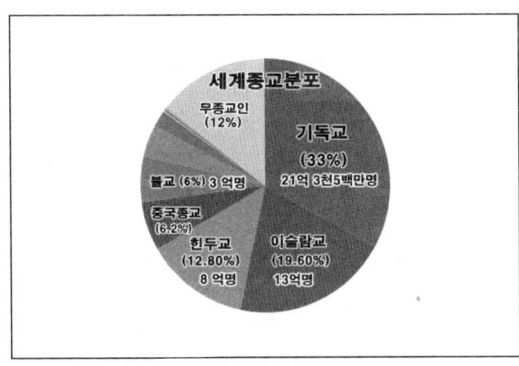

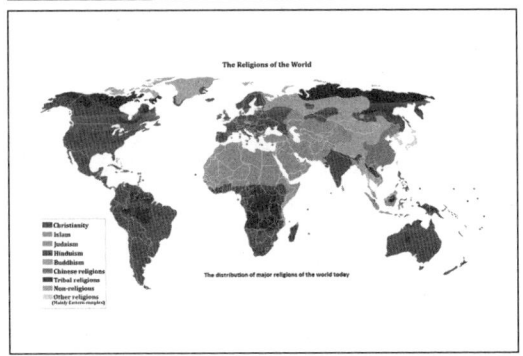

 '음, 지구상에 생각보다 종교가 많지 않군. 그래도 예수쟁이들이 제일 많네. 33퍼센트라. 여러 나라에 걸쳐서 퍼져 있기도 하고. 지구인 가운데 세 명 중 한 명은 예수쟁이라는 말이군. 다음이 이슬람교. 이슬람교도 여러 나라에 걸쳐서 퍼져 있고, 상당히 많네. 이슬람은 어떤 신을 믿는 종교지? 좀 있다 알아봐야겠군.

그 다음이 힌두교라. 나라는 인도와 네팔에만 국한돼 있군. 그렇다면 인도 인구가 8억이니까 힌두교 인구도 8억이라는 얘긴데. 만약 인도 인구가 1억이라면 힌두교 인구도 1억이었겠군. 재미있네. 그럼 우리나라 사람이 제일 많이 믿는 불교는 몇 명이지? 어라? 3억밖에 안 되네. 나라도 동남아시아의 몇 나라뿐이고. 이렇게 보니까 종교가 새롭게 보이네.'

우인은 종교 분포도를 보면서 자신이 그동안 가지고 있던 종교에 대한 이미지가 사실과 다르다는 생각을 하게 되었다. 우물 안의 개구리처럼 생각했다는 것을 깨달았다고나 할까. 아무튼 적잖이 충격이 되었다. 불교의 미미함에 대해 알고, 반대로 여러 나라에 걸쳐서 분포되어 있는 기독교와 이슬람에 대해 새로운 눈으로 보게 되었다.

"숙제가 정확히 뭐였더라? '우주만물을 내가 만들었다고 주장하는 신이 누구인가' 였던가? 그럼 각 종교의 경전이나 주장을 찾아 봐야겠네."

우인은 다시 검색창에 기독교의 창조론을 쳤다.

'음, 기독교에서는 하나님이란 전지전능한 신이 말씀으로 무에서 유를 창조했다고 말하는군. 그 신은 스스로 있는 존재이고. 나머지는 모두 그 신에 의해 만들어진 피조물이다. 그런 거지?'

우인은 다시 이슬람의 창조론을 쳤다.

'알라신은 태초에 천지만물을 창조하고, 인간도 만들었다. 어? 기독교하고 비슷한데……. 어떤 연관이 있나?'

우인은 검색창에 '이슬람'이라고 쳤다.

주후 5세기에 살던 무함마드라는 사람이 히라산 동굴에서 계시를 받고 신은 오직 알라뿐이라고 주장했다. 그리고 그 계시를 모은 책이 코란이다. 당시에 아라비아 반도에는 유대인들과 기독교 이단들이 많이 살고 있었는데, 그 영향을 받고 이슬람은 태동하였다. 그래서 이슬람은 구약성경과 신약성경 그리고 코란을 자신들의 정경으로 믿고 있다. 알라는 하나님을 뜻하는 아랍어이다.

'응? 뭐야? 그럼 이슬람은 독자적인 종교가 아니라 기독교의 변형된 형태라는 거네. 그래서 기독교의 창조론과 비슷했구나. 그럼 일단 제외를 시켜야겠네.'

우인은 검색창에 '불교의 창조론'이라고 쳤다.

시작이 없는 것이 바로 이 윤회이니 처음 시작점은 알려지지 않는다. 절대로 존재하지 않는 태초니 최초니 하는 하나의 고정된 시점은 부정한다. 그 특정 시점은 다시 그 이전의 조건에서 비롯된 것일 뿐이며, 그래서 불교에서는 무시무종(처음과 끝이 없이 이어짐)으로 세상의 기원을 설명하고 있다. 신의 존재나 우주의 시작이라는 고민에 빠져 한평생 번뇌에 빠지지 말고 오로지 수행을 해서 이 세상의 진정한 모습을 깨달아라.

'한마디로 알 수 없으니까 고민하지 말고 현재만 보라는 말이군. 아주 현실적인 말이네. 태초를 어떻게 알 수 있단 말이야. 아무리 주장해도 검증할 수가 없는데. 차라리 이런 자세가 현실적이고 유익한 자세지. 그런데 불교인들은 왜 부처가 신이 아니라

면서 부처상에 절하는 거지? 절하는 것이 수행하는 방식 중에 하나라서 그런가? 그건 좀 이상하네.'

우인은 불교의 창조론을 읽으면서 대체로 호감이 갔다. 그리고 교수의 말에 의심이 들기 시작했다. 그렇지만 지도교수인데 함부로 무시할 수만은 없었다.

그래서 우인은 검색창에 '힌두교의 창조론'이라고 쳤더니 이런 글들이 있었다.

> 태초에 무한하고 형태가 없는 타드 에캄(Tad Ekam)이라는 원시 대양이 있었는데, 그것은 곧 절대였다. 어떤 신비로운 이유에서 창조주 신은 황금의 씨로 변하여 그 대양 속에 들어갔는데, 그 씨가 대양에 스며들자 우주가 창조되기 시작하였다. 그래서 조물주와 피조물의 구분이 없다. 피조물 속에 조물주가 스며들어 있는 것이다.

'무슨 말이야? 창조주가 있는데, 원시 대양에 스며들어서 우주를 만들었다. 창조주가 우주라는 모습으로 변신했다는 말인가? 그럼 피조물은 다 신이라고 할 수 있네. 아, 그래서 힌두교에서는 신이 많은 것이구나.'

"어떻게 정리를 해야 하나? 자신이 우주만물을 만들었다고 주장하는 신은? 기독교의 하나님. 이슬람은 기독교의 구약성경에서 파생된 아류니까 제외시켜 놓고. 불교에서는 모른다고 하니까 넘어가고, 힌두교는 모든 존재에게 물어보면 다 안다는 말인가? 그걸 어떻게 증명하지? 참 곤란하네."

"똑 똑 똑!"

우인은 다른 때와는 달리 노크하는 자세가 편해졌다. 두 번밖에 만나지 못했지만, 논문 같은 공식적인 이야기만이 아니라 이런저런 이야기들 특히 종교에 관한 이야기를 해서 그런지 교수님이 편하게 느껴졌다. 그래서 그런지 노크 소리가 다른 때보다 더 경쾌하게 들렸다.

"네, 들어와요."

"안녕하셨어요? 교수님."

"어 우인 군, 어서 와. 오늘은 내가 교회에 예배를 드리러 가야 돼서 좀 일찍 끝내야 할 거 같은데 그래도 괜찮지?"

"제가 바쁠 때 찾아와서 오히려 죄송합니다. 교수님 편하실 대로 하세요."

"아냐, 나는 자네를 언제나 환영하네. 이건 진심이야."

진심 어린 교수님의 말과 눈빛을 보면서 우인은 왠지 모를 신뢰감이 생기는 것을 느꼈다. 전에는 멀게만 느껴졌던 교수님이 자신에게 애정을 가지고 있다고 생각하니까 든든해지면서 얼굴에 살짝 미소가 나타났다. 중학교 다닐 때에 아버지가 돌아가시고 난 뒤로는 처음 느껴보는 든든함이었다. 우인은 지금까지 누구 하나 믿을 만한 사람이 없이 자신의 어깨에 모든 짐을 지고 살아왔다. 고생하시는 어머니, 사랑하는 동생의 미래까지 전부 우인이의 짐이었다. 그래서 변변히 연애 한번 해보지 못하고 공부에만 전념해 왔던 것이다.

"내가 내준 숙제 좀 해봤는가? 좀 어려웠지?"

"아 예, 그동안 종교에 대해서 알아보는 계기가 없었는데 이번에 간략하게나마 알게 되어서 좋았습니다. 그런데 많은 종교는 못 알아보고, 기독교, 이슬람교, 힌두교, 불교만 알아봤습니다. 검색을 해보니까 그 정도의 종교가 그래도 대표적인 종교던데요."

"보통 그렇지. 자 그럼, 우주만물을 자기가 만들었다고 주장하는 신은 누구던가?"

"예, 대표적인 신이 기독교의 하나님이고요. 이슬람은 기독교의 아류에 속하는 것 같아서 일단 제외했습니다. 그리고 불교는 알 수 없다는 불가지론의 입장인 것 같아서 제외했고, 힌두교의 창조론은 좀 애매했습니다."

"어떻게 말인가?"

"창조주가 있기는 한데, 모든 존재에 스며들었다고 말하던데요. 그러니까 신이 독립적으로 존재하기보다는 창조주가 만물이고, 만물이 창조주라는 범신론적인 입장 같았습니다. 그런 점에서 기독교의 신과는 좀 달랐습니다."

"그렇군. 자네 말대로라면 '내가 우주만물을 만들었다' 고 직접적으로 주장하는 독립적인 신은 기독교의 신인 하나님뿐이라는 것인가?"

"그런 셈이지요."

"그래? 그럼 분명하게 가설을 정하고 입증할 수 있는 신은 기독교의 하나님밖에 없다는 말인데, 자네 이제부터 기독교의 신인 하나님이 우주만물을 창조하였다는 것을 가설로 정하고 이것을 입증해 보지 않을 텐가? 이 가설이 입증된다면 기독교의 신인 하나님은 존재하는 것이고, 입증되지 않는다면 기독교의 신인 하나님은 존재하지 않는 허구인 것이지."

"교수님. 그러다가 만약 입증되지 않기라도 하면 어떻게 하시려고 그러세요?"

"왜 걱정되나?"

"예. 그러면 교수님은 교회를……."

"못 다니게 된다고? 하하, 자네 나랑 내기할까?"

"예? 무슨 내기요?"

"우리가 입증하면 자네가 교회를 나가고, 입증하지 못하면 내가 교회를 그만두는 내기."

이 말을 듣는 순간 우인은 묘한 기분이 들었다. 도전해서 예수쟁이들의 코를 납작하게 만들고 싶은 마음도 있고, 괜히 교수님에게 말려들어서 교회로 끌려가는 것은 아닌가 걱정도 되었다. 난처한 상황이었다.

"왜 자신 없는가?"

"그런 게 아니라 단순히 연구하는 차원이면 모르지만, 그 내기는 좀 부담이 됩니다."

그 말을 듣자 박 교수는 다그치는 자세가 아니라 빙긋이 웃으면서 차분히 설명하는 자세로 돌변했다.

"우인 군. 우리는 과학자일세. 과학은 진리를 추구하는 것이고. 그리고 그 진리는 우리 인간에게 생명과도 같은 것이네. 그러니까 어떤 연구든 간에 생명을 걸고 해야 하는 거지. 그저 어린애 장난처럼 연구 따로 생명 따로라면 그것은 무책임한 자세인 거야. 자네가 지금 논문을 쓰는 주제도 마찬가지야. 이것이 단지 이론으로만 그칠 거라면 연구의 의미가 없네. 실천으로까지 이어져서 인류에 공헌해야 진정한 과학의 힘이고, 의미인 것이지. 자네 논문도 중요하지만, 사실 나는 자네하고 종교 문제를 이야기하는 것도 중요하게 여기고 있네. 왜냐하면 그 문제는 나에게 그랬던 것처럼 자네에게도 지대한 영향을 미칠 수가 있기 때문이지."

우인은 교수님의 설명을 듣는 동안 자신의 삶의 목표가 논문을 쓰고, 박사가 되고, 교수가 되려는 것에만 집중되어 있었다는 사실을 깨닫게 되었다. 오로지 자신과 어머니 그리고 동생을 위해서 공부해 왔던 자신의 소시민적인 모습이 조금은 부끄럽게 느껴졌다. 그러면서 현미경으로만 보던 세상을 망원경으로 보는 것처럼, 세상이 커지고 넓어지는 것을 느꼈다.

그때 박 교수가 말을 이어갔다.

"우인 군. 여기까지 공부하기가 많이 힘들었지? 자네 가정 형편에 대해서 조금은 알고 있네. 사실 나도 비슷한 상황이었어. 내가 세상에서 성공할 수 있는 유일한 끈이 공부였다네. 그래서 나도 공부하고, 공부했지. 그때는 마치 모든 것을 현미경으로만 보는 것 같았다네. 아주 좁았지. 조급했었고. 그렇게 해서 박사 학위를 받고, 교수가 되니까 상황이 달라지더군."

"어떻게 말입니까?"

"목표를 이룬 사람은 갑자기 밀려오는 공허감과 싸워야 한다네. 그런데 교수가 됐다고 문제가 해결된 것이 아니라 더 크고 새로운 문제들이 나를 기다리고 있었지. 그런데 그런 문제들을 해결할 능력이 없었던 거야. 인생은 현미경과 망원경을 잘 활용해야 하는데, 난 현미경밖에 없었거든."

우인은 약간은 공감이 되는 듯했지만, 그 다음은 무슨 말인지 잘 몰랐다. 그냥 멀뚱멀뚱 쳐다보기만 했다. 그러자 박 교수는 시계를 보더니 서둘러 책상 정리를 했다.
"시간이 없는데 이렇게 이야기가 길어졌네. 아무튼 잘 생각해 보고 다음에 더 자세히 얘기하세."

교수 연구실을 나오면서 우인은 걱정이 됐다. 어서 빨리 논문을 쓰고, 교수가 되어야 하는데 정작 지도교수가 논문보다는 다른 문제를 가지고 더 많은 시간을 할애하니 걱정이 될 수밖에 없었다.
그때 전화벨이 울렸다. 작년에 결혼한 물리학과 동기동창 민희였다.
"여보세요?"
"우인아, 잘 지냈니?"
"그래, 오랜만이다. 신혼 재미는 어떠셔?"
"깨가 쏟아지지."
민희의 애교스러운 목소리는 우인이의 마음을 환하게 만들기에 충분했다. 두 사람은 같이 스터디하면서 많이 친해졌다. 비슷한 구석도 많았고, 공부 스타일도 마음에 들었다. 그러다 민희가 애인이 생기면서 점점 공부하는 시간이 뜸해졌고, 결혼과 함께 연락이 끊긴 친구였다.
"목소리를 들으니까 정말 행복한 모양이다. 근데 어쩐 일이냐?"
"응, 너한테 소개시켜 주고 싶은 사람이 있어서."
"뭐? 소개팅을 하라고? 야야, 됐어. 난 지금 그럴 여유도 없고, 나중에 학위나 받고 그때 해줘라."
"그래, 너 여유 없다는 거 알아. 하지만 너무 아까운 사람이라 그래. 사귀라는 것이 아니라 그냥 가볍게 한번 만나보고 알고 지내다가 나중에 너 학위 받고, 교수 되면 그때 진지하게 사귀면 되잖아."

우인은 갑자기 어머니 생각이 났다. 드러내놓고 결혼에 대해 말씀은 안 하시지만, 사귀는 사람이 있는지 없는지 궁금해하시는 어머니의 모습이 생각나면서 문득 이런 기회에 좋은 사람을 만날 수도 있겠다 싶었다.

"그래, 그럼. 네가 하도 권하니까 만나는 거다. 시간 정해서 연락해."

네 번째 이야기

소개팅

"안녕하세요? 정우인입니다."
"예, 안녕하세요? 최현주라고 합니다. 말씀 많이 들었어요."
"오늘 민희도 함께 나오는 걸로 알았는데……."
"예, 민희 언니는 바쁜 일이 있다면서 단둘이 만나라고 하던데요?"
그때 우인의 핸드폰에서 문자가 왔다고 벨이 울렸다.
'우인아미안내가바빠서못나간다좋은후배니까잘만나고잘바래다줘^0^'
"예, 지금 막 문자가 왔네요. 같은 회사 다니세요?"
"예, 언니 옆에서 근무해요. 저를 자상하게 늘 챙겨주는 좋은 선배예요."

　우인은 현주가 말하는 모습을 보면서 이상한 느낌을 받았다. 방어막 없이 그냥 편하게 자신을 있는 모습 그대로 받아들이는 것 같은 착각을 느낄 만큼 편했기 때문이다. 사실 우인은 그동안 소개팅에 몇 번 나갔었다. 그러나 그때마다 우인은 비참함을 느끼고 돌아서야만 했다. 미래가 보장되지 않은 상태에서 어느 여자가 편안하게 대해 주겠는가? 결혼 적령기에 소개팅으로 만난 남녀가 '직장은 어딘지, 연봉은 얼마인지, 차는 뭔지' 등등 이런 질문들을 빼놓고 이야기할 수 있는 시간이 얼마나 되겠는가? 그래서 그동안 소개팅을 하는 두 시간이 우인에게는 열 시간처럼 느껴졌다. 그래서 망설였던 것인데, 이번에는 느낌이 달랐다. 이런 생각을 하고 있는데 현주가 또 말을 이어갔다.

　"평소에 말씀이 별로 없으시지요?"

　현주는 이미 그런 우인을 알고 있다는 듯이 편안하게 대하면서 대화를 주도해 나갔다.

　"아 예, 민희 만날 때에도 저는 주로 들어주는 쪽이었어요."

　"민희 언니도 그렇게 이야기를 하던데요. 자신의 이야기를 굉장히 잘 들어주신다고요."

　"그래요? 사실 들어주려고 해서 그런 게 아니라 그 친구는 참 편해요. 들어주기가 힘든 사람이 있는데, 그 친구는 듣기가 참 편해요."

　"우인 씨도 그러셨어요? 사실은 저도 그랬어요. 민희 언니가 얘기하면 저도 참 편하고 좋고 그래요. 그래서 저도 주로 듣는 편이지요. 그랬더니 우인 씨 이야기를 하더라구요. 저랑 많이 닮은 친구 분이 계시다고. 너무 아깝고 좋은 친구라고요."

"하하, 그런 말을 했어요? 그럼 흉도 많이 봤겠군요."

그러자 현주는 엄지와 검지를 약간 벌리고 애교 섞인 표정으로 말했다.

"조금요."

자신을 놀리려고 하는 현주의 애교 섞인 말과 표정이 무척 귀여웠다. 그래서 우인은 해맑게 웃는 그녀의 미소에 그만 넋이 나갈 뻔했다. 그러나 또다시 다가올지 모를 비참한 결말을 상상하며, 담담하게 받아들이기 위해 애써 감정을 조절하려고 하였다.

"박사 학위 논문을 쓰신다고 들었어요. 나중에 교수가 되려고 그러세요?"

"그렇게 되는 것이 꿈이지만, 쉽지는 않은 것 같아요. 당장 논문도 써야 하고, 또 박사 학위를 받아도 교수가 되는 것이 쉽지만은 않거든요."

"잘 되시겠지요."

환하게 웃으면서 자신을 격려하는 그녀의 미소에 우인은 그만 마음이 따뜻해지는 것을 느꼈다. 그런 느낌을 다른 사람에게서 느끼는 것은 정말 처음이었다.

어릴 때 어머니가 "우리 우인이는 착하니까 나중에 잘 될 거야"라고 말씀하시며 머리를 쓰다듬어 주시던 일이 갑자기 생각났다. 어머니를 생각나게 하는 여자를 처음 만난 것이다. 응원군을 만난 군인처럼 우인은 마음속에서 생기는 든든함을 느꼈다.

"너무 가까이만 보지 마시고, 멀리 내다보면서 한 발 한 발 가시면 반드시 좋은 결과가 있을 거예요. 사람이 살다 보면 현미경도 필요하지만, 때로는 망원경도 필요하대요."

'현미경도 필요하지만 때로는 망원경도 필요하다. 어, 이상하다. 어디서 들어본 소리인데……. 그래! 박 교수님이 하신 말씀이었는데.'

"그렇게 말씀하시니까 인생을 달관하신 분 같은데요?"

"어머, 아니에요. 지난 주에 저희 교회 목사님이 설교를 하시면서 하신 말씀이세요."

"교회 다니세요?"

우인은 깜짝 놀라서 거의 반사적으로 질문을 해버렸다. 그러자 현주도 깜짝 놀랐다.

"교회 다니는 사람 싫어하세요?"

"아, 아니에요. 불쾌하게 했다면 미안해요."

"아니에요. 깜짝 놀라시니까 좀 걱정이 돼서요. 요즘 기독교인들을 싫어하는 분들이 많은 것 같아요. 그래서 저도 좀 조심스러워요."

"사실 저도 좋아하는 편은 아닙니다. 그렇다고 싫어할 정도는 아니고요. 이미지가 좀……."

"맞아요. 저도 같은 기독교인의 입장에서 보아도 좀 잘못되거나 지나친 모습들을 보면 많이 부끄럽고, 어떤 때는 화도 나고, 어떤 때는 고개를 돌리기도 해요."

"아, 그러세요. 같은 기독교인들도 그렇게 느끼시나 봐요."

"그럼요. 같은 한국 사람들이라도 인격이나 성격이 다양하듯이 교회 다니시는 분들도 다 다르지요. 사실 이미지가 좋지 않으신 분들은 소수인데, 마치 교회 다니는 분들 전체가 그런 것처럼 여겨지는 것이 속상해요."

"현주 씨는 하나님이 정말 존재한다고 믿으세요?"

"그럼요. 하나님이 존재하니까 믿지요. 그런 확신이 없으면 믿지 못하지요."

"하나님이 존재한다는 것을 증명할 수 있으신가요?"

"예? 갑자기 그런 질문을."

우인은 요즘 자신에게 중요한 질문이기에 아무 생각 없이 했을 뿐인데, 그것이 현주에게는 저돌적인 질문처럼 느껴졌고, 적잖이 당황한 눈치였다.

"오해는 하지 마세요. 제가 논쟁을 하려는 것이 아니라 요즘 제 지도 교수님하고 그런 질문을 가지고 대화를 나누는 중이라서요."

"아 예. 저는 어려서부터 부모님을 따라 교회를 다녔어요. 그래서 자연스럽게 성경을 그냥 믿게 되었지요. 증명할 필요 없이 저는 그냥 믿었어요. 또 개인적으로도 기도하면 들어주시기도 하고요. 그래서 저는 확신을 해요."

"의심되거나 확신이 흔들릴 때는 없으신가요?"

"저는 사실 믿음이 그렇게 강하지 못해서 가끔 의심이 되기도 해요. 기도가 응답이 안 되거나 믿는 분들에게 안 좋은 일이 생기면 흔들리기도 하고요."

"그런 때는 어떻게 하세요?"

"교회에 가서 예배를 드리거나 설교를 들으면서, 또는 믿는 분들하고 대화하면서 다시 믿음을 가지게 되지요. 주변에 믿음이 좋은 분들이 많거든요. 그런 분들 뵈면 정말 존경스러워요."

"아 예, 직장생활은 어떠세요?"

"지금 일은 원래 바라던 일은 아니에요. 방송국 쪽에서 일하고 싶었는데 잘 안 됐어요. 이 직장 다니다가 결혼하면 남편 뒷바라지 하면서 살림이나 하려고요."

"그럼, 현모양처가 꿈이시네요?"

"호호, 그런 셈이지요."

우인은 서울에 올라와서 여자와 함께 그렇게 편하게 대화해 본 적이 없었던 것 같다. 버스를 타는 곳까지 바래다주고 돌아오는 내내 우인이의 마음 한구석에는 작은 모닥불이 타고 있었다.

그때 전화벨이 울렸다. 민희였다.

"여보세요?"

"응 우인아, 오늘 어땠니? 현주 정말 괜찮지?"

"응 좋았어."

"애프터는 신청했니?"

"응? 아니."

"왜 마음에 안 들었니?"

"그건 아니고. 사실 그동안 소개팅에서 여러 번 현실의 벽을 느꼈잖니. 이번에도 그럴까 봐."

"그랬구나. 이해한다. 그럼 내가 현주의 반응을 살펴보고 다시 연락하마. 알았지? 끊는다."

우인은 끊긴 전화에서 눈길을 뗄 수 없었다. 하고 싶은 말을 다 하지 못한 사람처럼 한동안 그대로 있었다.

'그녀와 이어졌으면 좋겠다. 그러나 지금의 나는 자신 있게 말

하지 못하겠다.'

다음 날 민희가 전화를 했다.
"우인아, 현주도 네가 마음에 든 모양이더라."
"그래?"
순간 우인은 몹시 기뻤다. 자신의 바람대로 그녀를 다시 만날 걸 생각하니 기뻤다.
"그런데 말야……."
민희는 쉽게 말을 꺼내지 못하는 것 같았다. 순간 우인이의 마음은 먹구름이 다가오는 것을 느꼈다.
"우인아! 현주도 네가 마음에 들었대. 너의 분위기나 성격도 마음에 들고, 느낌이 좋았대. 그런데 한 가지가 걸린대."
"한 가지? 아, 직업?"
"아니, 현주는 같은 기독교인을 만나고 싶대. 그런데 넌 기독교를 싫어하는 것 같다고."
"그렇게 말을 했어?"
"응."
우인은 뭐라고 대답해야 할지 몰랐다. 알았다고 해야 할지 아니면 기독교인이 될지도 모른다고 말해야 할지. 그렇지만 자신의 감정을 민희에게 들키고 싶지 않아 뭔가를 대답해야만 했다.
"그래, 잘됐다. 사실 나도 앞으로 시간을 내기가 어려웠는데. 거 봐, 소개팅은 지금 아니라니까. 아무튼 고마웠다. 다음에 한 번 보자. 끊을게."
우인은 서둘러 전화를 끊었다. 그렇지 않으면 현주에 대한 마음을 들킬 것 같았기 때문이다. 갑자기 마음에서 뭔가가 빠져나가는 듯한 허전함이 밀려왔다.

우인은 저녁에 커피를 마시면서 책을 읽다가 문득 은근히 화가 나는 것을 느꼈다. 그것은 민희도, 그렇다고 현주에 대한 분노도 아니었다. 기독교 자체에 대한 반감이 들었다.

'그렇게 꼭 같은 종교를 가진 사람이랑 만나고 결혼해야 하는 거야? 그냥 아무나 만나면 안 돼? 그렇게 만나다가 좋아지면 교회도 다닐 수 있는 거지. 꼭 무 자르듯이 같은 종교가 아니면 만나지도 못하는 거야? 치사하다, 치사해. 그러니 사람들이 배타적이라고 싫어하지.'

우인은 생각하면 할수록 화가 났다. 그렇다고 기독교를 아예 무시할 수도 없었다. 좋아하기도 어렵고, 무시하기도 어려운 윗사람처럼, 기독교는 우인의 마음에 불편함을 주는 존재처럼 느껴졌다.

그러다 교수님이 제안한 내기가 생각이 났다.

'그래, 이번 기회에 기독교가 얼마나 엉터리인지 한번 밝혀볼까? 어차피 신이 존재하느냐 존재하지 않느냐에 대한 분명한 답은 가지고 있어야 하니까 이번에 한번 해 보는 거야. 그런데 그러다 꼼짝없이 교회를 다녀야 하는 상황이 되면 어쩌지? 그건 싫은데……. 에이, 설마.'

우인의 마음은 복잡했다. 그러나 어떻게든 결정을 내려야 하는 상황이었다.

"까짓것, 한번 도전해 보자."

다섯 번째 이야기

현미경과 망원경

오늘따라 교수님을 만나러 가는 우인이의 발걸음에 왠지 모를 힘이 넘친다. 그동안은 교수님의 이야기에 수동적으로 반응을 했다면 이제는 적극적으로 질문도 하고, 논쟁도 하겠다고 마음먹었기 때문이다.

"똑똑."
"들어오세요."
"교수님, 안녕하셨어요?"
"우인 군, 어서 오게나. 잘 지냈나?"
"예, 잘 지냈습니다. 교수님은 잘 지내셨어요?"

"나도 잘 지냈어. 근데 오늘은 다른 때하고 분위기가 다른데? 무슨 일이 있었나?"

"무슨 일이 있는 건 아니고요. 교수님이 제안하신 내기를 한번 해볼까 하고요."

"그래? 상당히 도전적으로 들리는데 무슨 일이 있었나?"

"아닙니다. 어차피 신이 존재하는가 않는가는 누구나 한 번쯤 생각해 보는 문제고, 이번 기회에 확실하게 해답을 찾을 필요가 있어서요."

"지난번에는 부담을 느끼는 것 같았는데, 지금은 괜찮나?"

"교수님 말씀대로 제 연구에 제가 책임을 지기로 했습니다. 신이 정말 있다면 믿어야지요."

"없다면?"

"없다면, 더 이상 신의 문제로 고민하지 않겠지요."

"좋아. 그런 자세라면 나도 내 말에 책임을 지고 함께 연구해 보세."

"정말이세요?"

"하하, 나도 자네만큼 진지하게 임하고 싶네."

"그런데 교수님! 어떤 방식으로 하나님의 존재를 입증하실 생각이세요?"

"궁금하지? 다시 한 번 예로 설명해 보겠네. 자네가 몇 년을 걸쳐서 설계도를 그리고, 제작한 실험기구가 있다고 치세. 그 실험기구는 아주 복잡하지만, 정교하게 제작이 된 세계 유일한 실험기구였다네. 그런데 어느 날 도난을 당했어. 정기학회에 발표를 하려고 만들었는데 도난을 당한 것이지. 얼마나 안타까운 일인가?

그러다가 학회에 갔더니 거기에 자네가 만든 그 실험기구와 똑같은 것이 있는 거야. 얼마나 반가운가? 그런데 다른 사람의 이름으로 그 실험기구가 발표가 되어 있었다네. 그렇다면 자네는 그 실험기구를 자네가 만들었다고 어떻게 증명할 텐가?"

"음, 저 같으면 만들었다고 하는 그 사람에게 설계도가 있는지 보여 달라고 하고, 실험기구 내부에 있는 저만이 알 수 있는 복잡한 구조와 부품들에 대해서 설명해 보라고 하겠습니다. 정말 그 사람이 만든 것이라면 정확한 설계도를 보여주며, 정확히 설명을 하겠지요. 그런데 제가 만든 것이라면 그런 설계도가 있겠습니까?"

"아주 훌륭해. 그럼 자네는 자네가 만든 것이라고 어떻게 증명하겠나?"

"전 제가 그린 설계도와 그 실험기구의 복잡한 구조들을 비교하면서 입증시키겠습니다."

"역시 자네는 아주 탁월한 과학도야. 그 자리에서 내가 만들었다고 큰소리칠 것 없이 설계도와 구조를 비교분석하면 입증이 되는 것이지. 이 경우도 마찬가지네."

"마찬가지라니요?"

"자네가 그 실험기구를 만드는 것을 본 사람은 아무도 없지, 그리고 다시 재연을 해보라고 할 수도 없는 문제고. 사람들은 단지 자네가 그린 설계도와 자네의 정확한 설명만 듣고, 자네가 만든 것이라고 인정하는 것뿐이지. 신에 대한 증명도 마찬가지야. 아무도 신이 우주만물을 만드는 것을 보지 못했고, 그것을 다시 재연해 보라고 할 수도 없다네. 자네의 경우처럼 설계도를 보면서 구조를 설명해 달라고 하고, 일치하는지 아닌지를 확인하는 방식으로 신이 우주만물을 만들었는지 아닌지를 결정해야 한다네."

"우주만물을 만든 설계도가 있다는 말씀이세요?"

"물론이지. 자네가 우주만물을 만든 신이라면 자네가 만들었다는 증거들을 남기겠나? 안 남기겠나?"

"그거야 남기겠죠. 보통 예술가들도 자기 작품에 낙관 같은 것을 찍잖습니까? 저 같으면 남길 것 같은데요."

"바로 그거야. 우리는 그런 증거들을 단서로 여기고, 마치 형사가 범인을 잡듯이 신을 입증해야 한다네."

"그럼, 기독교의 하나님도 설계도를 남겼을까요?"

"물론이지. 그것이 바로 성경이야. 성경은 하나님의 발자국이야. 그러니까 그 발자국을 따라가다 보면 사실인지 아닌지를 알 수 있다네. 하나님이 있네 없네 말들이 많지만, 가장 올바른 결론은 발자국을 따라가서 내리는 결정이네. 단서와 상관없이 '저 사람이 범인이다 아니다' 라고 말하면 그게 과학적인 수사라고 할 수 있겠나? 단서와 발자국에 집중해서 결론을 내려야지. 성경에서 말하는 주장과 우주만물을 과학적으로 분석해 보고 얻은 과학적인 결론이 일치한다면 우리는 성경을 설계도라고 인정하고, 하나님의 존재도 인정해야 한다네. 반대로 일치하지 않을 경우 우주만물을 하나님이 만들었다고 주장하는 성경을 거짓으로 보아야 하고, 성경이 거짓이면 하나님도 거짓, 기독교도 거짓 종교라고 결론을 내려야겠지."

"무슨 말씀이신지 이해하겠습니다."

"그런데 말야. 자네의 실험기구를 훔쳐가서 자기가 만들었다고 거짓말하는 사람이 만약에 '설계도가 있는 것이 아니라 어쩌다 보니까 그냥 자연스럽게 만들어졌다'고 주장한다면 자네는 뭐라고 말할 텐가?"

"그건 말이 안 되지요. 어떻게 정교한 실험기구가 자연스럽게 만들어집니까? 정성을 다해서 만들어도 될까 말까인데."

"수천만 년, 아니 수백억 년이 지나도 말인가?"

"당연하지요. 생물이라면 스스로 발전하는 조직이 있으니까 가능할 수는 있겠지만, 무생물이 어떻게 스스로 발전하면서 정교한 조직을 구성할 수가 있겠습니까? 불가능하지요."

"그래, 맞는 말이네. 보통 진화론을 주장하는 사람들이 오랜 세월을 거치면서 우주나 지구의 생물체들이 질서정연하고 정교하게 발전, 진화했다고 말하지만, 자연스러운 것과 의도적인 것은 분명 다르지. 들에 피는 꽃들은 아무리 오랜 세월이 지나도 여기저기 무질서하게 자라겠지. 그러나 만약 꽃들이 서로 정확히 30cm씩의 간격으로 자라났다면 자네는 어떻게 하겠나?"

"누군가가 의도적으로 심은 것이라고 말하겠죠."

"그럼 자네는 자네가 만든 실험기구가 더 정교하다고 생각하는가? 태양계가 더 정교하다고 생각하는가?"

"그거야……. 태양계일 것 같은데요. 사람이 아무리 정교하게 만들어도 거대한 태양계를 따라가겠습니까?"

"맞는 말이네. 태양계는 어떻게 보면 스위스 시계보다 더 정교하지. 오랜 세월 동안 태양은 정확한 인력으로 행성들을 끌어들이고 있다네. 그리고 행성들은 매일 매일 정확한 속도로 자전과 공전을 하면서 태양으로부터 멀어지는 원심력을 가지게 되지. 그리고 행성의 크기와 질량 그리고 회전 속도가 원심력을 결정한다네. 그렇게 태양의 인력과 행성의 원심력이 균형을 이루며 태양을 돌고 있는 길이 바로 그 행성의 궤도니까 행성들의 궤도는 기차 궤도처럼 고정적인 것이 아니야. 수시로 변경될 수 있는데, 놀라운 것은 그것이 1년 365일 정확히 유지되고 있다는 거야. 그것도 인류 역사가 기록된 수천 년 동안 말이야. 만약 그 궤도가 달라지면 어떻게 되겠나? 지구가 금성 쪽으로 조금만 궤도를 이동하면 지구는 불바다가 되는 거야. 반대로 화성 쪽으로 이동하면 얼음바다가 되지. 그러다가 서로 충돌할 수도 있는 것이고. 아무리 정확한 스위스 시계라도 태엽이 풀리면 멈추지만, 태양계는 수천 년 동안 멈추지 않고 정교하게 돌고 있어. 이 태양계가 정말 놀랍지 않은가?"

"교수님의 설명을 들으니까 정말 신기합니다."
"정말 그렇게 생각하나? 그럼 자네는 빅뱅이론에 대해서 어떻게 생각하나? 태초에 펑 하고 폭발을 하더니 그 뒤로 자연스럽게

행성들이 형성되고, 그 행성들이 충돌하지 않고 서서히 팽창하다가 각자의 궤도에 가더니 딱 멈추어 섰다고 믿는가? 그러면 태양의 인력과 행성들의 원심력이 서서히 변하다가 왜 지금처럼 딱 고정되었다고 생각하나? 처음에 팽창했으면 계속 팽창해 가지 왜 공교롭게도 지금의 위치에 딱 멈추어 섰을까? 왜 지금은 태양의 인력이나 행성들의 원심력이 변동되지 않을까? 우연히 지금의 궤도에 멈추어 섰을 뿐이고, 우연히 생명체가 탄생했을 뿐이고, 우연히 진화하면서 인간이 탄생한 것이라고 생각하는가?"

우인은 대답을 하지 못했다. 이런 식으로 접근해 보지 않았기 때문이다. 전에는 신은 없다고 단정을 내리고, 그럼 어떻게 해서 태양계가 형성되었을까를 생각하다 보니까 빅뱅이론이 제일 가능성 있어 보였는데, 이런 식으로 접근하니까 생각이 꽉 막혔다.

"우주가 생기기 전에 어떤 에너지가 있었고, 그것이 갑자기 펑 하고 폭발을 해서 팽창하고 팽창해서 지금의 우주가 형성되었다고 하는데, 그럼 그 처음 에너지는 어떻게 생겼고, 폭발은 왜 생긴 것일까? 이것을 설명하지 못하면 존재의 근원을 설명하는 것이라고 볼 수는 없는 것이네. 물론 지금의 우주가 팽창하고 있다는 것은 나도 인정한다네. 그러나 팽창한다고 해서 모든 것이 다 처음에 무(無)에서 시작하는 것은 아니라네. 지금 지구가 자전을 하는데, 그 자전 속도가 얼마나 되는지 아는가? 자그마치 시속 1,660km라네. 얼마나 빠른가. 그런데 속도보다 더 놀라운 것은 1년 365일 이 속도에 변화가 없다는 거야. 수천 년 동안 매일 이 속도를 유지하는 것이 우연이겠는가? 자연적으로 펑 하고 터지더니 갑자기 행성이 탄생하고, 서서히 돌면서 이 속도까지 되더니,

이 속도에서 고정돼서 변함없이 수천 년 동안 돌고 있다는 것이 말이 되는가? 이 세상에 이런 자연적인 현상들이 있는가?"

우인은 대답할 수가 없었다. 상식적으로 이해가 되지 않는 신기한 일이었기 때문이다.

"우인 군! 과학은 합리적인 사고와 관찰로 사물 속에 존재하는 규칙과 법칙을 발견하는 것이라네. 그러니까 과거에는 됐는데 지금은 안 된다면 그 변화의 원인을 정확히 규명해야지. 만약 규명하지 못한다면 그것은 과학이 아니라 억측이지. 그런 의미에서 진화론도 역시 과학이 아니야. 자네는 정말 원숭이가 진화해서 사람이 됐다고 믿는가? 그럼 지금도 원숭이가 사람으로 진화되고 있을까? 과거에는 진화됐는데 지금은 안 된다고 한다면 그 원인을 밝혀내야지. 그러나 밝혀내지 못하고 있지 않은가? 그리고 이미 진화의 과정을 보여준다고 증거로 제시했던 화석들이 거짓말이라고 탄로가 났잖은가."

우인은 한 마디도 할 수가 없었다. 자신의 태도가 잘못된 것이라는 사실을 깨달았기 때문이다. 지금까지 우인은 처음부터 편견 없이 과학적인 태도로 모든 사물을 관찰하고, 연구하고 나서 신이 만들었는가 아니면 자연 스스로가 성장 발전했는가를 판단하는 태도가 아니었다. 먼저 신은 없다는 결론을 이미 내려놓고, 자연 스스로가 성장 발전했다는 것을 과학적으로 증명하려고 했던 것이다. 그런 태도는 마치 형사가 편견없이 단서를 찾아가면서 범인을 찾아가는 것이 아니라 용의자를 범인이라고 결정하고 모든 단서들을 그렇게 맞춰가는 것과 같은 불합리한 자세였던 것이다.

'내가 처음에 신은 없다고 판단을 내린 근거는 뭐였지?'

아무리 생각해도 정확한 판단 근거는 없다. 그냥 단지 예수쟁이들이 싫었고, 그 주장이 틀렸다고, 아니 틀려야 한다고 생각했다. 그래서 아예 신의 존재를 무시하고, 그냥 아무것도 없는 자연에서 시작했다. 그러다 보니 오랜 세월이 지나면 자연적으로 모든 생명체들이 존재하게 되고, 성장하고, 발전한 것이라고 판단한 것이다.

우인은 혼란스러웠다. 과학적으로 접근하면 기독교가 거짓으로 드러날 것이라고 생각했는데, 오히려 지금 자신이 흔들리고 있는 것을 느낀 것이다.

"우인 군, 우리는 앞으로 우주만물을 다 연구할 수 없기 때문에 지구를 표본으로 정하고 조사를 할 것이네. 그래서 지구의 여러 가지 특이한 구조와 단서들을 가지고 과학적으로 연구해서 결론을 내리고, 그 결과를 성경과 대조할 것이네. 만약 성경의 주장대로 하나님이 우주만물을 만들었고, 성경이 그 설계도라면 과학적인 사고를 통한 결과와 성경의 기록이 정확히 일치하겠지. 만약 그렇게 일치한다면, 그때 자네는 그 사실을 단순한 우연의 일치로 여기지 말고 하나님이 과학적으로 입증된 것으로 여기고, 나와 함께 하나님을 인정하고 믿어야 하네. 그러나 만약 과학적인 결과와 성경의 주장이 다르다면 성경과 하나님의 존재는 과학적으로 입증이 되지 않는 것이겠지. 그때는 나도 기독교를 포기하겠네. 이해하겠나?"

우인은 쉽게 대답을 하지 못했다. 박 교수의 태도에서 비장함과 뭔지 모를 확신 같은 것을 느꼈기 때문이다.

'교수님은 대체 뭘 믿고 저렇게 확신하시는 것일까? 자기 신앙

을 포기할 각오까지 한다면 분명 뭔가가 있다는 이야기인데……'

"우인 군, 난 한국에서 공부할 때만 해도 과학적인 사고를 제대로 하지 못했네. 그냥 학교에서 공부하는 내용에만 국한된 사고를 가졌지. 그러다가 미국에 유학을 가서 박사 학위를 받고, NASA(미항공우주국)에 들어갔었지. 그런데 그때 처음 나의 사고가 편협하다는 것을 알았다네. 난 거기서 최고의 과학자들을 만났다네. 그들은 수준 높은 사고를 하면서도 겸손했네. 난 그들이 매주 모여서 하나님께 기도하는 것이 이상하게 보였다네. 한 150여 명 정도 되었던 것 같은데, 그들은 매우 진지했지. 연구도 진지하게 하고, 하나님께 기도도 진지하게 하더라고. 자네도 이상하게 느껴지지? 나도 그랬어. 그때 생각만 하면 웃음이 나온다네. 난 우물 안의 개구리였던 거야."

"그럼 교수님은 그때부터 교회를 다니기 시작하셨어요?"

"아냐, 나는 누가 말한다고 해서 금방 받아들이는 성격이 아니거든. 뭐든지 내가 꼼꼼히 확인해 보고 결정하는 스타일이지. 그들이 대체 뭐 때문에 이렇게 기도를 하고, 성경공부도 하는가 궁금했네. 그래서 나도 성경을 읽고 나름대로 책도 읽어봤지. 그런데 처음에는 잘 모르겠더군. 성경이나 신에 대해서 확신이 서질 않았지. 지금 생각해 보면 나의 사고의 폭이 문제였던 것 같아. 그런데 그때는 나의 문제라고 생각은 못했지."

"그럼 언제부터 사고의 폭이 넓어지셨어요?"

"그때 내 직속 상사가 알렉스라는 크리스천이었는데, 어느 날 저녁 식사를 같이 하자고 하더군. 그래서 무심코 따라나섰지. 그런데 식사를 하면서 이런저런 이야기를 하는데 그때의 요지는 한마디로 이거야. '지구는 하나의 시스템으로 이어졌다.' 그 사람은 날씨를 연구하는 학자인데, 지구의 날씨는 모든 대륙과 모든 나라의 날씨와 다 연결이 되었다는 거야. 사실 나는 자그마한 나라인 한국에서만 살다가 미국에 갔기 때문에 전혀 새로운 세계에 적응하기 바빴는데, 그 사람은 전 지구가 사실은 하나의 시스템이라고 하는 거야. 지금이니까 '북경에서 나비가 날갯짓을 하면 뉴욕에 폭풍이 몰아친다'고 말해도 다 알아듣지만, 그때는 아주 생소한 이론이었다네. 그만큼 국지적인 사고를 하고 있었던 거지. 그러나 그 이후로 과학기술이 발달하면서 그런 이론이 사실이라는 것이 밝혀졌지. 난 그 사람과 대화를 하면서 '지구에 하나의 시스템이 있다면 하나의 공통된 법칙이 있겠구나' 하는 생각을 하게 되었지. 그러니까 작은 것을 집중적으로 연구하는 현미경식 사고방식에서 큰 것을 한눈으로 보는 망원경식 사고방식으로 전환하게 된 것이지."

"아, 그래서 지난번에 현미경과 망원경을 같이 봐야 한다고 말씀하셨군요."

"그렇지. 서로 연결이 되지 않았다면 작은 부분을 분석적으로 보기만 해도 되지. 그러나 모든 것이 하나로 연결되었다면 종합적으로도 볼 수 있어야 하지 않겠나. 그래서 그 이후로는 어느 지역이나 나라만을 염두에 둔 사고가 아니라 전 지구적인 시야를 가지고 생각하게 되었지. 그리고 그런 시야를 가지고 성경을 다시 읽어봤다네. 그랬더니 성경이 달리 보이더군."

"어떻게요?"

"하하, 너무 급한 것 같군. 그렇게 가다가는 체한다네. 우리 서서히 한 발 한 발 나가보자고. 우선 다음 만날 때까지 우리 지구에만 산소가 존재하게 된 이유를 좀 알아 오게나. 현재 지구 대기권에는 질소가 78퍼센트, 산소가 21퍼센트가 있는데, 어떻게 해서 지구의 대기권에 그 많은 산소가 생겨났는지를 알아보는 문제라네. 할 수 있겠지?"

"예, 한번 찾아보겠습니다."

지하철역으로 가는 우인의 발걸음은 매우 느리고 무거웠다. 마치 한 걸음마다 한 가지씩 생각을 하는 사람처럼. 그러나 한편으로는 박 교수와 대화하는 것이 이상하게 흥미가 생기기 시작했다. 그리고 도전이 되기 시작했다.

스쳐지나가는 여자들의 화장품 냄새 속에서 우인은 문득 현주의 밝은 미소가 떠올랐다.

'다른 여자하고는 달리 느낌이 좋았는데.'

여섯 번째 이야기

지구의 과거

우인은 논문에 참고할 문헌들을 연구하기 위해 도서관을 찾았다. 자신이 주장하고 싶은 이론이 이미 발표가 되었는지 확인하고, 기존의 이론적인 근거들을 확인하는 문헌연구는 논문을 쓰기 전에 해야 할 아주 중요한 작업이다. 필요한 문헌을 많이 확보하면 할수록 논문은 쓰기 쉽고, 더 설득력 있게 쓸 수 있다. 그러나 방대한 양의 서적이나 논문들 그리고 자료들 속에서 필요한 문헌들을 찾아낸다는 것은 쉽지 않다. 많은 시간을 투자해야만 한다.
"무엇부터 찾아야 할까?"
오전 내내 우인은 자기 논문에 참고할 문헌들을 찾느라 정신이 없었다. 책을 찾아 읽어도 보고, 인터넷 도서관을 통해 검색도

했다. 그러다 문득 시계를 보니 벌써 점심시간이 다 지나가고 있었다.

'지금쯤 학교 식당이 한가하겠지?'

우인은 일어나 학교 식당을 향해 걸어가고 있었다. 그때 누군가 자기를 부르는 소리가 들렸다.

"우인아, 너 우인이 맞지?"

돌아다보니 한 해 선배인 준수였다.

"아니 준수 선배, 야 오랜만이네. 근데 학교는 어쩐 일이야?"

"응, 자료 좀 찾아보느라고 들렀다가 교수님 만나고 가는 거야. 넌 박사 과정중이니?"

"논문만 남았어요"

"그래, 다 됐구나. 이제 교수가 되겠네. 계획대로 돼 가는구나."

"선배는 지금도 그 연구소에서 일해?"

"아니, 작년에 자리 옮겼다."

"그래? 어디로 옮겼어?"

"국과수라고 들어봤니?"

"알지. 국립과학수사연구소 아냐?"

"그래 맞아. 거기 물리분석팀에서 일한다."

"물리분석팀? 무슨 일을 하는 건데?"

"응, 우리는 사고나 사건이 발생하면 그 사고나 사건을 물리적으로 분석하고 해석하는 일을 하는 거야. 선박이 충돌하거나 불이 나는 사고, 비행기가 추락하는 사고, 다리나 건물이 붕괴되는 사고들을 물리적으로 분석하고, 원인을 밝혀내는 일이 우리가 하는 일이야."

"일이 재미있고 흥미진진하겠는데?"

"나도 그럴 것 같아서 이직했는데, 사실은 막노동이나 마찬가지야. 사고가 나면 언제든지 직접 사고 현장에 나가야 하는데, 그 현장이란 데가 대개는 작업하기 어려운 곳이거든. 그런 곳에서 현장 유류물이나 단서가 될 만한 증거들을 찾아야 하고, 찾은 단서들을 며칠씩 철야 조사를 하다 보면 많이 힘들어. 그러나 내가 아니면 진실은 영원히 밝혀지지 못한다는 사명감 때문에 하는 것이지."

"그렇겠네. 참 대단하네."

준수는 지갑에서 명함을 꺼내 주면서 화제를 돌린다.

"그렇지 않아도 네가 궁금했는데. 박사 과정을 하고 있다는 이야기는 들었는데, 이렇게 만나니 정말 반갑다. 오늘은 내가 시간이 없으니까 나중에 전화해라. 우리 저녁식사 같이 하자. 알았지?"

"그래. 전화할게."

"그래, 그럼 이만 간다."

준수는 밝게 웃으면서 손을 흔들고 교문을 향해 갔다. 우인은 준수의 뒷모습을 보며 대학 1학년 때에 과 MT를 갔을 때가 떠올랐다. 선배들이 냉면 그릇에다 소주를 따르고 신입생들에게 강제로 마시게 했다. 겁에 질린 신입생들은 하나둘씩 소주 그릇을 들고 마시다가 토하기도 하고, 쓰러지기도 했다. 우인은 그 자리가 싫었고, 겁이 났다. 그래서 자리에서 벌떡 일어나 화장실을 간다고 나와 버렸다. 밖으로 나와 밤하늘을 보니 어렸을 때가 떠올랐다. 술을 마시고 들어와 엄마를 때리고 고래고래 소리를 지르던 아버지의 모습, 간암에 걸려 방안에만 드러누워 계시고 배에 복수가 차서 임산부처럼 부풀어올라 숨을 쉴 때마다 힘들어하시던 아버지의 모습, 아버지가 돌아가시고 혼자서 고생하시는 어머니의 모습. 우인은 한참을 그냥 서 있다가 슬그머니 들어왔다.

그런데 선배들이 우인을 그냥 넘어가지 않았다. 우인이 앞에 소주 그릇을 갖다 놓고, 모든 사람들이 '원샷, 원샷'을 외치는 상황이 벌어졌다. 우인은 너무 당황스러웠다. 그래서 한참을 그냥 땅만 바라보고 있었다. 그러자 차츰 '원샷'이라고 외치던 소리들이 하나둘씩 잦아들면서 순간 분위기가 싸늘해졌다. 선배들은 기분 나쁜 표정으로 우인을 노려보고 있었고, 신입생들은 분위기를 이상하게 만든 우인을 원망하는 눈빛으로 보았다. 그러나 우인은 꼼짝을 할 수 없었다. '나는 아버지처럼 술을 마시지 않겠다'는 결심을 스스로 깰 수는 없었기 때문이다.

바로 그때 준수가 나섰다.

"자자, 여기 흑기사가 납시오. 내가 우인이 대신 마실게."

말이 끝나기 무섭게 준수는 소주 그릇을 들고 벌컥벌컥 소주를 다 마셨다. 그리고 활짝 웃으면서 빈 그릇을 모자처럼 자기 머리에 써버렸다. 그러자 사회를 맡은 선배가 분위기 전환을 위해 '박수'라고 외치자 모두들 박수를 하면서 썰렁한 분위기는 다시 시끄러운 MT 분위기로 전환되었다.

그때 우인은 준수가 얼마나 고마웠는지 모른다. 그 일이 있고 나서 우인은 준수를 잘 따랐다. 리포트를 쓸 때도 조언을 구하고, 운동도 같이 하는 친구 같은 선후배가 되었다. 그러다가 준수는

3학년 때 군대를 가고, 우인은 졸업을 하고 군대를 가는 바람에 둘의 관계는 자연스럽게 멀어졌다.

우인은 혼자 밥을 먹으면서 자신이 외롭다는 생각을 했다. 지금까지는 열심히 공부해서 교수가 되겠다는 계획을 이루기 위해 혼자 공부하거나 혼자 밥을 먹어도 외로움을 모르고 살았는데, 이상하게 이 날은 외로움이 밀려왔다.

'1, 2학년 때는 준수 선배가 있어서 든든했는데.'

점심식사를 하고 나서 우인은 머리를 식힐 겸 박 교수가 알아보라고 한 산소 발생 문제를 연구해 보기로 했다.

"지구에 산소가 어떻게 생겼지?"

우인은 인터넷 검색에 '지구 산소 발생'이라고 쳤다. 그랬더니 여러 가설들이 있었다.

> **가설 1**
> 미국 애리조나 주립대와 메릴랜드 주립대의 연구팀은 호주의 깊은 땅 속에서 파낸 25억 년 전의 퇴적암 성분을 분석한 결과 산소 발생 과정이 지구상에 살았던 단순한 유기물에 의한 광합성으로 생긴 것으로 보이며 이 생물은 남조류로 불리는 일종의 박테리아로 보인다고 미국 과학전문지 〈사이언스〉에 발표했다. 약 900m 길이의 암석이 대기 중에 노출된 적이 없어서 형성 과정에서 일어난 산화 등 화학반응의 증거를 그대로 간직하고 있다면서, 25억 년 전 산소 대발생 이전에 산소를 만들어내는 유기물이 있었고, 이들이 만들어 낸 산소가 서서히 쌓이다가 '티핑 포인트'에 이르러 산소 대발생이 시작된 것으로 보인다고 발표했다.

여섯 번째 이야기_지구의 과거

'이 가설은 박테리아 같은 생물체가 탄생하고, 그것이 산소를 만들어서 그 산소가 어느 시점에 이르러 대발생이 되었다는 말이군.'

> **가설 2**
>
> 도쿄공업대 연구진은 지구의 산소가 우주에 떠다니던 얼음에서 유래했다는 새로운 학설을 미국 과학전문지 〈사이언스〉에 발표했다. 마이니치 신문에 따르면 연구진은 원시 태양계의 생성 과정을 추정하는 과정에서 이 같은 이론을 도출했다고 한다.
>
> 산소는 원자량이 다른 3종의 동위원소가 있다. 지구의 산소는 3종 가운데 가장 '가벼운' 것이 99.76%로 대부분이며 '무거운' 2종이 나머지를 이루고 있다. 이 비율은 별에 따라 다르다. 태양계가 생겨난 가스와 먼지층인 '분자구름' 안에서 일산화탄소는 자외선에 노출, 분해됐다. 이때 '무거운' 산소부터 먼저 분해됐으며 이 무거운 산소는 주변의 수소와 결합해 얼음이 됐다. '가벼운' 산소는 나중에 분해됐는데 대부분은 얼음이 되지 못하고 가스로 남았다. 이 얼음과 가스는 원시태양의 주변에서 떠다니다가 비중이 무거운 얼음만 태양 쪽으로 이동하게 됐다. 연구진은 이러한 이유로 태양에 가까운 별은 얼음에서 유래한 산소가 많으며, 지구의 산소도 이렇게 얼음에서 유래했다고 주장했다.

'이 가설은 산소가 원래부터 있었고, 그것이 얼음 형태로 우주를 떠다니다가 지구에 내려왔다고 말하는 것 같고.'

가설 3

캐나다의 앨버타 대학교 연구진들에 의하면 약 24억 년 전에 일어난 대기 중 산소의 중요한 증가가 해양에서 니켈이 부족해서 발생했다고 주장한다. 니켈 고갈은 메탄을 만들기 위해서 니켈을 기반으로 하는 효소들을 사용하는 고대 세균 군체들을 굶주리게 했을 것이다. 결과적으로 산소가 대기 중에 축적될 수 있었고 오늘날의 대기가 되었다. 그린란드와 남아프리카와 호주를 포함한 전세계에서 채취한 퇴적암을 분석한 후에 그 답을 찾았다. 미국의 피닉스에 위치한 애리조나 주립대의 지구 진화의 전문가인 애리얼 안바 교수는 훌륭한 가설이라고 말했다.

'이 가설은 니켈이 풍부했다면 세균들이 메탄을 많이 만들어 냈을 텐데 니켈이 부족해서 메탄을 만들어 내지 못하니까 산소가 대신 많아졌다는 말인가? 좀 이해가 안 가네.'

우인은 자료들을 찾으면서 가설이 참 많다고 느꼈다. 뭔가 그럴 듯한 설명이긴 하지만 어딘가 복잡하면서도 허술해 보이고 납득이 되지는 않았다.

'정말 왜 지구에만 산소가 있는 것일까? 어떻게 그 많은 산소들이 생겼을까?'

우인은 갈수록 궁금해져만 갔다.

"똑똑똑."
"들어와요."
"교수님, 저 왔습니다."

"어 그래, 우인 군. 어서 와. 잘 지냈나?"

"예, 잘 지냈습니다. 교수님도 잘 지내셨지요?"

"나도 잘 지냈네. 그래, 내가 내준 숙제는 해봤나?"

"자료를 찾기는 했지만, 시원하지는 않습니다."

박 교수는 예상이라도 했다는 듯이 빙긋이 웃으면서 물었다.

"왜 시원찮아? 해답을 찾지 못했다는 말인가?"

"그게 아니라 하도 가설들이 많아서요. 다 조금은 그럴 듯해 보이지만 왠지 정답이라고 느껴지지는 않더라구요. 막연한 추정을 근거로 제시하는 것 같아 보였습니다."

"그래? 어떤 가설들이 있던가?"

"가설을 종합해 보니까 두 종류였습니다. 하나는 박테리아나 남조류 같은 생물체가 산소를 만들고, 시간이 지나면서 그 산소가 많아졌다는 자연 발생설이고요, 또 하나는 원시 우주의 가스층에 남아 있던 산소가 얼음 형태로 존재하다가 그것이 지구에 유입되었다는 유입설입니다. 제 생각은 자연 발생설 쪽에 가깝기는 한데, 솔직히 그런 미미한 생물체들이 어떻게 해서 지구 대기의 21퍼센트를 차지하는 막대한 양의 산소를 만들었는가에 대해서는 의구심이 들었습니다."

"그렇군. 그래서 지금까지 그냥 가설로 남아 있는 거야. 사실 식물은 산소를 만들어 내기도 하지만, 또 산소를 절대적으로 필요로 하지. 그러니까 산소가 없는 상황에서 식물이 존재한다고 말하는 것은 억지에 가깝다네. 식물도 산소가 없으면 죽어. 산소가 있어서 밤에 호흡을 하니까 낮에 광합성도 하는 거야. 그러니까 산소보다 식물이 먼저 있었다고 말하는 것은 앞뒤가 맞지 않는 거지."
"교수님은 어떻게 해서 산소가 생겼다고 생각하세요?"
"하하, 궁금한가? 그 부분은 나중에 다시 얘기하기로 하고, 오늘은 빙하 얘기를 좀 해보세."
"빙하요? 북극이나 남극에 있는 빙하 말씀이신가요?"
"그렇다네. 자 여기를 좀 보게나."
박 교수는 몇 가지 자료들을 가지고 우인 옆에 앉았다.

"자, 이건 빙하에 관한 몇 가지 연구 결과인데, 이 자료들을 분석해 보면 빙하시대 이전의 지구에 대한 정보를 발견할 수 있을 거야. 자 한번 읽어보게."

> 단서 1
>
> 미국 콜로라도 대학(University of Colorado)의 보고에 의하면, 빙하로 덮인 그린란드 얼음층 아래 3,200m 깊이에서 솔잎, 나무껍질, 풀 등과 같은 식물 잔류물들이 발견되었다고 합니다. 그린란드는 북극권에 있는 세계에서 가장 큰 섬이고, 빙하로 덮여 있으며 빙하 두께가 약 1,500-3,000m 정도 됩니다.

"자 이 단서에 의하면, 빙하가 생기기 전에 그린란드는 어떤 기후였다고 생각하나?"
"솔잎이나 풀들이 있었다면 온대지역이었던 것 같습니다."
"그래, 그럼 빙하 밑에 풀들이 그대로 있는 것으로 보아서 빙하가 형성된 시간은 어떻다고 보나?"

"음, 풀들이 그대로라면 매우 빠르게 빙하가 형성된 것으로 보입니다."

"그래, 빙하 밑에 그런 풀들이 있었다면 빙하가 있기 전에 그곳은 물에 잠겼다고 보나 잠기지 않았다고 보나?"

"당연히 물에 잠기지 않았겠지요."

"그럼, 자네가 이 단서를 종합해 보겠나?"

"그린란드는 온대지역이었고, 풀들이 나 있는 맨땅이었는데 어느 날 갑자기 빙하가 형성되었다. 그렇게 해석할 수가 있을 것 같은데요."

"잘 요약했네. 그럼 다음 단서를 한번 볼까? 읽어보게."

단서 2

북극과 시베리아 등지에서 거대한 코끼리 '맘모스'가 가끔 발견되는데, 특히 옆에 있는 그림은 북극에서 발견된 아기 맘모스로 빙하 속에 얼어붙어 원래 모습 그대로 보존되어 있습니다.

이 맘모스의 뱃속을 해부해 본 결과, 방금 먹고 소화도 안 된 채 들어 있는 열대 활엽수 잎과 화산재를 발견했습니다.

북극 아기 맘모스 화석

"북극과 시베리아에 초식동물인 맘모스가 있었고, 그 뱃속에 활엽수가 있었다면 그곳의 기후는 어떻게 되겠나?"

"열대지역이나 온대지역이었을 것 같은데요."

"그래, 그럼 소화도 안 된 채 빙하 속에서 냉동되었다면 빙하가 형성된 시간은 어떻다고 보나?"

"이번에도 매우 빠르게 진행된 것 같습니다."

"뱃속에 화산재가 있다는 이야기는 빙하가 형성되는 것과 동시에 무슨 일이 있었다는 말일까?"

"화산 활동이 있었을 것 같습니다."

"자, 그럼 이번에도 한 번 해석해 보겠나?"

"북극과 시베리아에서 맘모스가 화산 활동의 결과로 분출된 화산재가 쌓인 활엽수를 먹고 있는데, 갑자기 빙하가 형성되어 얼음 속에 냉동 보관되었다."

"그래 잘했네. 다음 자료도 한번 읽어보게나."

단서 3

지구상의 물은 97%가 바닷물, 나머지 3%가 민물입니다. 민물은 69%가 북극권이나 남극대륙, 혹은 높은 산에 겹겹이 쌓여 있는 빙하, 30%는 지하수, 나머지 1%가 강물이나 호수 등의 물입니다. 민물 중의 대다수를 차지하는 빙하를 수량으로 환산하면 약 1650만 km^2로서 만약 빙하가 다 녹으면 해수면은 현재보다 약 60m 정도 상승하게 되고, 지구 표면적의 80%가 물에 잠기는 재앙이 도래합니다.

"빙하가 녹으면 해수면이 몇 미터 높아진다고 했나?"

"60m인데요."

"빙하가 생기기 전에는 지금의 해수면보다 60m 이상이 다 바다였다고 해석해도 되겠나?"

"그렇게 볼 수도 있을 것 같은데요?"

"자, 그렇다면 아까 빙하 밑에서 발견되는 풀이나 솔방울들은 어떻게 된 것일까? 바닷속에서 자란 수중식물들이란 말인가?"

"그건 아닌데, 좀 이상하네요. 왜 이렇게 되지요?"

"왜 그걸 나한테 묻는가? 이제부터 자네가 풀어야 할 숙제라네."

"예?"

박 교수는 우인이 당황하는 것을 보고 재미있다는 듯이 웃고 있었다. 그러나 우인은 뭐가 뭔지 도통 알 수 없었다.

'왜 이렇지? 바닷물이 빙하로 변해서 북극과 남극에 쌓였다면 분명 그 빙하의 양만큼 빙하기 후에는 해수면이 내려가야잖아. 그럼 지금 빙하 밑은 원래는 바닷속이어야 맞는데 어떻게 빙하 밑에서 풀이 나오지? 지구에 있던 물이 빙하로 변한 것이 아닌가? 그럼 빙하는 어디서 왔을까? 정말 이상하네.'

"차차 생각해 보고, 다음 단서를 읽어보게나."

단서 3

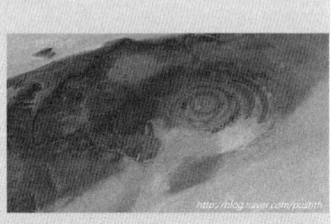

1981년 11월에 콜럼비아 우주 왕복선은 폭이 50km에 달하는 레이더 스캔으로 사막을 촬영하였는데 파장을 분산시킬 습기가 전혀 없었기 때문에 레이더 광선은 표면 밑으로 5m 깊이까지 통과하였으며 마침내 하상암에 닿아 반사되어 되돌아왔습니다. 신호들은 컴퓨터에 의해 처리

되고 미국 지질 조사 당국, 이집트 지질 조사 및 채광 당국, 그리고 수많은 다른 기관에 종사하는 과학자들에 의해 분석되었습니다. 다음 해 12월에 발표된 영상들은 이집트 남부와 수단 북부에 걸쳐 있는 수로, 범람원, 그리고 예전에 존재했던 광범위한 강 계곡들이 그물처럼 형성된 놀라운 망을 보여주었습니다.

이런 영상들을 지침으로 미국과 이집트 조사단은 1982년 9월 고대의 강이 있었던 어떤 터의 둑을 따라 땅을 파냈고, 사진이 보여준 것을 확인하였습니다. 그리고 그곳에는 무성한 숲에서 생활하며 사냥을 했던 인간들이 사용했다고 보이는 도구와 유물들이 묻혀 있었습니다.

"이 단서대로라면 사하라 사막은 원래 어떤 기후였겠나?"
"온대기후였을 것 같습니다."
"사냥 도구가 발굴되었다는 것은 무엇을 뜻하는가?"
"사람들이 사냥하며 살던 시절에는 사하라가 사막이 아니었다는 뜻이겠지요."
"사람들이 사냥하며 살던 수풀과 강들이 왜 지금의 사막이 되었을까?"
"비는 오지 않고, 태양열은 가장 많이 받기 때문에 수증기들이 증발해서 그렇게 되지 않았을까요?"
"그럼 왜 처음부터 그렇게 되지 않았을까? 아니, 거기서 사냥을 하던 사람이 살 때까지는 왜 사막이 되지 않았을까?"

"글쎄요."

박 교수는 당황해하는 우인을 지그시 바라보다가 정리를 하려고 자세를 바로 세웠다.

"우리 이 단서들을 종합해 보세. 이 단서들을 해석해 본 결과 북극과 사하라 사막은 무슨 기후였나?"

"온대기후였을 것 같습니다."

"그럼 원래 지구는 북극도 온대, 아프리카도 온대지역이었다는 말이군. 맞나?"

"예."

"지금 북극의 연 평균 기온은 -80℃ 정도고, 남극은 -70℃ 정도라네. 사하라 사막 지역은 영상 50도 정도가 되지. 그러니까 현재 지구의 기온차는 무려 120℃나 되는 상황이지. 맞지?"

"예."

"그런데 어떻게 해서 원래 지구는 북극과 사막지역이 같은 온대기후일 수 있었을까? 그리고 어떤 계기로 지금의 지구와 같이 기온차가 벌어졌을까? 어떻게 해서 온대지역에 갑자기 빙하가 생기고, 사막이 생기게 되었을까? 빙하로 변한 물의 정체, 즉 해수면 60m의 정체는 무엇일까?"

"이런 내용을 생각해 보지 않아서 잘 모르겠습니다. 그런데 아무튼 신기한데요?"

"오늘 숙제는 이 질문의 해답을 찾아오는 거라네."

우인은 박 교수의 말을 듣고 웃음이 나왔다. 정말 어이없는 웃음이라고나 할까.

'이런 것을 어디서, 어떻게 알아오라는 말씀이신지 정말 막막

하네.'

　연구실을 나오는 우인의 생각은 복잡했다. 궁금하기도 하고, 막막하기도 하고, 답답하기도 했다. 단서는 맞는 것 같기는 한데, 그 단서가 주는 해석은 정말 난해했다.

　'정말 이 단서가 맞다면 지구에 어떤 큰 변화가 있었다는 이야기인데, 그것이 무엇일까?'

　우인은 지하철역까지 걷고는 있었지만, 그의 눈에는 지나가는 사람들도, 상점들도 보이지 않았다. 온통 이 궁금증에 신경이 쓰였기 때문이다.

일곱 번째 이야기

재회

"일어나세요, 일어나세요, 안 일어나? 에이 대포나 한 방 맞아라 빵! 일어나세요, 일어나세요, 안 일어나? 에이 대포나 한방 맞아라 빵!"

알람이 한참 울린 다음에야 우인은 잠에서 깨어났다. 어젯밤 인터넷으로 이런저런 자료를 찾느라 꼬박 밤을 새우고 겨우 새벽녘에 눈을 붙였기 때문이다.

일어나서 대충 씻고, 아침 겸 점심 식사를 차려 먹었다. 자취생활 5년차이지만, 밥을 하고 반찬을 준비해서 혼자 먹는 일은 언제나 수도사의 고행과 같다. 학부 4년 동안은 학교 기숙사에서 지냈고, 군대 기간에는 학사장교로 있었기 때문에 밥 걱정은 없었다. 그러다 대학원 과정을 시작하면서 자취생활도 시작되었는데 만만치가 않았다. 그래서 우인은 식사를 차릴 때마다 음식을 잘 차려주는 아내랑 결혼하리라고 결심했다.

그러다 문득 현주가 생각이 났다. 결혼하면 남편 뒷바라지하면서 살림이나 하고 싶다는 그녀의 말이 듣기 좋았기 때문이다. 그래서 그런지 우인은 오늘따라 혼자 밥을 먹기가 싫어져 밥상을 그대로 물려 두었다. 다른 때는 바로바로 설거지를 하는 편인데, 오늘은 아무것도 하기 싫어졌다.

'준수 선배나 만나야겠다.'

우인은 지갑에서 준수가 준 명함을 건네들고 전화를 한다.

"당신은 사랑받기 위해 태어난 사람 당신의 삶 속에서 그 사랑 받고 있지요."

준수에게 전화를 걸자 어느 CF에서 들어본 적이 있는 노래가 흘러나왔다. 그런데 그 노랫말이 오늘따라 우인의 마음에 깊숙이 파고들었다.

"당신은 사랑받기 위해 태어난 사람 당신의 삶속에서 그 사랑 받고 있지요."

'그래 나는 사랑받기 위해 태어났는데 아무도 나를 사랑해 주는 사람이 없네.'

노래가 두세 번 반복되더니 반가운 목소리가 들렸다.

"네, 한준수입니다."

"선배, 나야 우인."

"어, 우인이구나. 그때는 금방 헤어져서 미안했다. 매인 몸이다 보니 어쩔 수가 없다."

"괜찮아. 오늘 저녁 시간은 어때?"

"오늘 저녁? 잠깐만…… 응 괜찮아. 어디서 볼래?"

"선배가 좋은 데로 정해. 얻어먹는 처지에 장소 따지게 생겼어?"

"그럼 우리 옛날에 자주 가던 신촌의 전라도집에서 볼까? 아직도 있으려나?"

"아, 거기? 아직도 있지. 그럼 오후 7시에 거기서 봐."

우인은 전화를 끊고 회상에 젖는다. 함께 농구하고, 출출할 때면 그 식당에서 라면을 먹기도 하고, 아줌마의 일품요리인 김치찌개를 시켜서 먹곤 했던 정든 식당이었다. 준수와의 추억이 묻어 있는 식당이었지만, 준수가 군대를 간 이후에는 자주 가지 못했다. 그 식당을 떠올린 것을 보면 준수도 우인만큼이나 그때 그 시절이 그리운 모양이었다.

오래간만에 우인은 집안 대청소를 하고, 밀린 빨래를 실컷 했다. 식사도 제대로 못하고, 청소며 빨래를 했더니 어느 때보다도 배가 고파왔다. 그렇지만 힘들지 않았다. 왠지 데이트를 기다리는 것처럼 준수와의 재회가 흥분되고 기다려졌다. 궁지에 몰린 자신을 위해 흑기사가 되어 주었던 고마운 선배. 든든하게 자신과 함께 해준 준수를 이제 만나러 간다. 우인은 다시 스무 살 그때로 돌아가는 것처럼 느껴졌다. 아버지도 일찍 돌아가시고, 형도 없는 우인에게 준수는 선배 이상의 존재로 남아 있었던 것이다. 배는 고프지만, 응원군을 만난 군인처럼 신이 나고 힘이 생겼다. 그래서 우인은 좀 일찍 서둘러서 식당을 향해 나섰다.

식당은 옛날 건물 그대로였다. 낡은 간판에는 여전히 전라도집이라고 써 있고, 군데군데 페인트칠이 벗겨져 오랜된 식당이라는 것을 단번에 알아볼 수 있었다. 안으로 들어서니 아줌마도 역시 그대로였다. 흰머리가 조금 늘었을 뿐이지 편안한 인상은 여전하였다.

"아이구 이게 누구야? 우인이 학생 아녀?"

"안녕하셨어요? 오래간만에 왔죠? 죄송해요."

"죄송은 무슨, 이렇게 보면 반갑지. 지금도 학교 다녀?"

"예, 지금 박사 과정중이에요."

"아이고 훌륭하구만. 역시 우인이 학생은 차분하고 성실해서 교수님 하면 딱 맞아."

"아직 논문이 남았어요. 교수가 되려면 아직 멀었어요."

"이제 금방 되겠지. 잘 될 거야."

"준수 선배 기억하시지요? 저랑 자주 왔던 선배 있잖아요. 키가 크고, 착하게 생긴 선배요."

"알지, 준수 학생. 준수 학생도 학교 다녀?"

"아니에요. 오래간만에 우연히 만났는데 글쎄 여기서 보자고 하네요. 아줌마가 보고 싶었나 봐요. 그때 잘해 주셨잖아요. 김치찌개에 고기도 많이 넣어주시고."

"그랬었나? 아무튼 이렇게 보니 반갑네."

그때 준수가 식당 안으로 들어오면서 인사를 한다.

"안녕하세요, 아줌마?"

"아이구, 이게 누구야? 준수 학생 어서 와. 온다는 얘기 방금 들었어."

"우리 아줌마는 여전히 그대로시네. 하나도 안 늙으셨어."

"준수 학생은 여전히 밝고 멋있네. 그래 잘 지냈어?"

"예, 이리저리 바쁘다 보니까 자주 오지 못했네요. 몇 년 만이지요?"

"한 사오 년은 됐을 거야. 졸업하고 안 왔잖아."

"기억력도 그대로시네요. 사는 게 바빠서 못 왔어요. 죄송해요."

"아냐, 이렇게 가끔 보면 더 반갑지 뭐. 그래 뭐 해줄까?"

"당연히 아줌마표 김치찌개지요. 돼지고기 듬뿍 넣고요."

"그래 알았어. 조금만 기다려."

준수는 그제서야 우인을 보았다.

"일찍 왔니?"

"아냐, 나도 조금 전에 왔어. 옛날 생각 많이 난다. 선배랑 자주 왔었잖아."

"그래. 그래도 그때가 제일 마음 편하고 즐거웠던 것 같다. 세월 참 빠르네."

준수는 식당의 구석구석을 둘러보면서 마치 자신의 흔적을 찾는 것처럼 보였다. 식당 벽면에는 여기저기 학생들이 써놓은 낙서들로 가득했다.

"여기만 시간이 멈춘 것 같다. 나 술 좀 마셔야겠는데, 넌 지금도 술 안 하냐?"

"으응, 똑같지 뭐. 선배나 한 잔 해. 같이는 못 마셔도 따라는 줄게."

"그럼 그럴까?"

아줌마를 바라보면서 준수는 술을 시킨다.

"아줌마, 막걸리 한 주전자 주세요. 밑반찬하고요."

"지금도 술 많이 마셔?"

"아냐, 회식할 때나 조금씩 마시고, 보통 때는 안 마셔. 마시면 혼나거든."

"혼나? 누구한테?"

"약혼자."

"약혼했어? 와, 축하해. 언제?"

"작년 말에 했는데, 직장을 옮기는 바람에 결혼이 좀 미뤄졌지."

"뭐하는 사람인데?"

"유치원 교사야."

"그래, 잘됐네. 나중에 아이들은 잘 키우겠다. 근데 선배가 술 마시는 것을 싫어하나 봐?"

"아주 못 먹게는 안 하는데, 좀 줄이라고 성화지. 교회에 다니거든."

"그럼 선배도 교회 다녀?"

"나는 안 다녀. 여자들이 신을 믿는 것은 말리지 않아도 나는 그런 거에 관심 없다."

"그런데도 약혼녀는 결혼하겠다고 해?"

"그러니까 만나지. 나를 위해 기도는 하겠지만, 강요는 안 하겠다고 하던데."

우인은 갑자기 현주가 생각났다. 같은 종교가 아니기 때문에 만날 수 없다고 냉정하게 거부한 현주에 비하면 준수의 약혼녀는 부드럽다고 느꼈다. 그러면서 왜 현주는 그러지 못할까 하는 생각이 잠시 들었다.

그때 아줌마가 새까맣게 그을리고 찌그러진 양은냄비에 김치찌개와 밥을 내왔다. 그리고 막걸리 주전자와 막걸리 사발을 두 개 가져다 줬다. 우인이 두 손으로 막걸리 주전자를 들자 준수가 사발을 갖다댔다. 조심스럽게 따르는 우인을 바라보면서 준수는 옛날을 추억하는 사람처럼 행복한 미소를 지었다.

"야, 모처럼 여유 있는 저녁을 보내네. 어디 한번 마셔볼까?"

그리고 사발을 쭉 들이키면서 막걸리를 단숨에 다 마셔버렸다.

"크, 좋다. 이 막걸리 맛이 가끔 생각나더라니까. 근데 혼자 와서 먹을 수가 있어야지."

좋아하는 준수의 얼굴을 보고 우인은 밝은 미소를 지으며, 또 두 손으로 주전자를 들고 막걸리를 따라준다.

"선배는 하나도 안 변했네. 여전히 로맨틱하고 멋있어."

"그러냐? 나도 이게 얼마만인지 모르겠다. 삶에 찌들리니까 정신없이 살아지더라."

"그렇게 일이 힘들었어? 힘들면 옮기면 되잖아. 선배 정도 되면 갈 곳은 얼마든지 있을 텐데."

"힘들긴 힘들지. 그래도 난 지금 이 직장이 맘에 들어. 어떤 때는 스릴 있고, 어떤 때는 보람도 느끼거든. 야, 생각해 봐라. 진범이 따로 있는데, 엉뚱한 사람이 잡혀 들어갔다면 그 사람이 얼마나 억울하겠니. 그런데 그것을 내가 밝혀낸다는 거 아니니?"

"그런 보람과 자부심이 있다면 좋은 직장이네. 그럼 힘들어도 열심히 다녀."

"그래야지. 참 너는 어떻게 되어 가니? 지금 논문 잘 쓰고 있니?"

"논문 쓰기가 어렵네. 석사 논문은 그래도 쉬웠는데, 박사 논문이라서 그런지 준비해야 할 것이 더 많은 것 같아. 그것도 그거지만, 교수님이 다른 숙제를 자꾸 내주는 바람에 머리만 더 복잡해진다니까."

"숙제? 무슨 숙제인데?"

"아, 맞다. 선배도 한번 알아봐 줘. 교수님이 빙하에 대해서 알아오라고 했는데, 좀 이상해."

"이상해? 뭐가?"

"북극권의 빙하 밑에서 풀과 솔방울이 발견되고, 시베리아 빙하 속에 있던 아기 맘모스의 뱃속에서 활엽수와 화산재가 나왔어. 그리고 사하라 사막 밑에서 수풀과 강의 흔적, 인간이 사냥한 도구들이 나왔대. 지금 지구에서는 도저히 상상할 수도 없는 단서들이 나왔는데, 이것을 어떻게 해석해야 할지 모르겠어. 그 단서대로라면 과거의 지구는 지금의 지구와 다른 거잖아. 북극과 사하라 사막이 온대지역이었다는 것인데 어떻게 그게 가능하겠어. 단서는 맞는 것 같은데, 말이 안 되잖아."

"듣고 보니까 그 말이 맞는 것 같다. 그 단서는 분명 지금의 지구에서는 불가능한 단서들인데. 이상하네. 나도 그런 소리는 처음 듣는다."

"지금 내 지도 교수님이 좀 이상해. 내 논문을 지도하기보다는 이런 이상한 질문을 많이 한다니까. 그리고 나를 교회 다니게 만들려고 수를 쓰는 것 같아."

"그런 의도로 숙제를 내주는 거야? 웃기는 양반이네. 근데 그렇더라도 네가 정신을 바짝 차리고 단서에 집중하면 돼. 사건 현장에서 진실을 말하는 것은 오직 단서뿐이거든. 우리는 심증이나 증인들의 증언보다 우선 단서에만 집중해서 분석하고, 해석한다. 그러면 단서는 진실을 말하면서 범인을 지목해 주지. 그래서 진실을 밝혀내는 거야."

"아무튼 이상한 교수님에게서 선배가 날 좀 구원해 줘. 내가 말한 단서를 가지고 분석 좀 해줘 봐. 알았지?"

"그래, 나도 시간 내서 자료를 찾아보고 분석해 보마."

"아 참, 그리고 또 이상한 게 있어. 북극과 남극의 빙하가 다 녹으면 해수면이 60m가 올라간대. 그러니까 빙하가 녹아서 해수면이 올라가고 물에 잠기는 곳들은 빙하기 이전에는 다 바다 밑이었다는 이야기지. 그런데 이상하게 지금 빙하 밑에서 풀과 솔방울들이 발견되고 있다는 거야. 그러면 빙하가 형성되기 전에 그곳은 바다 밑이 아니라 맨땅이었다는 이야기인데, 빙하기 이전의 해수면과 빙하가 녹은 후의 해수면이 다르다는 거지. 이 차이가 왜 나는지 도통 모르겠어. 자료를 아무리 찾아봐도, 빙하기가 왜 왔는지에 대한 몇 가지 가설만 있지 해수면의 변화에 대한 자료는 전무하더라고. 선배가 이것도 한 번 알아봐 줘."

"야, 뭐가 그렇게 복잡하니? 듣기만 해도 어지럽다. 아무튼 알아보마. 크게 기대하지는 마. 바쁜 시간 쪼개서 알아보겠다는 거니까."

"알았어. 그래도 선배가 있으니까 왠지 든든하네. 마치 나 혼자 섬에 있는 것처럼 느껴졌었는데."

"나는 네 흑기사만 하는 것 같구나."

"하하, 이제야 자신의 정체성을 찾으셨군. 선배 좋다는 게 뭐야."

"하하, 그렇게 웃으니까 이제야 옛날 너 같구나. 시골서 바로 올라온 어리바리한 촌놈이었는데."

"그 정도였어? 하하."

두 사람은 오랜 시간 동안 이런저런 이야기를 나누면서 대학생 때로 돌아간 것처럼 즐거운 이야기꽃을 피웠다. 이 시간은 우인에게도 준수에게도 오랜만에 마음 편하게 대화하고, 웃으며 보낸 시간이었다.

집으로 돌아오는 지하철 안에서 우인은 다시 든든함을 느꼈다. 준수를 다시 만나게 된 것이 무척 다행스럽게 여겨졌다. 논문도 잘되고, 자기 앞길이 잘 풀리게 될 것만 같은 느낌이 들었다.

여덟 번째 이야기

석탄과 석유

 박 교수를 만나러 가는 날이 다가오자 우인은 숙제가 부담스러웠다. 아직은 호기심보다는 박 교수와의 관계에서 오는 부담감이 더 크게 느껴졌다.
 '빙하에 대해서 알아봐야지. 뭘 알아야 하지? 의문 1. 빙하가 없는 지구가 어떻게 가능한가? 의문 2. 빙하기가 왜 왔는가? 의문 3. 간빙기가 왜 생겼는가. 그래 이 세 가지를 충족시키는 해답을 찾아야지.'
 우인은 먼저 인터넷 검색창에 '빙하기'라고 치고, 자료들을 찾기 시작했다.

빙하기 동안에는 따뜻하고 푸른 초원 지대인 중위도 지역까지도 눈과 얼음으로 덮여 있었다. 그리고 이런 빙하기가 전세계적인 현상이며, 과거의 지질 시대에 여러 차례 빙하기와 간빙기가 반복되었다는 것이 장 루이 루돌프 아가시(Louis Agassiz, 1807-1873)를 비롯한 많은 과학자들의 연구 결과 밝혀졌다. 그러나 지구 규모의 빙하기가 왜 반복적으로 일어나는지에 관해서는 여전히 해결되지 않고 있었다.

'빙하기와 간빙기가 있었는데 원인은 모르겠다구나. 빙하기의 원인에 대해서는 가설이 없나?'

우인은 검색창에 빙하기의 원인이라고 쳤다. 그랬더니 원인에 대한 세 가지 가설이 있었다.

구 유고슬라비아의 수학자인 밀류신 밀랑코비치(M. Minlancovici)는 1912년과 1941년 사이 자신의 생각을 수차례 수정하고 혼신의 힘을 다한 계산 끝에 ① 공전 궤도의 이심률의 변화 ② 자전축의 경사 효과 ③ 세차 운동이 여름의 햇살 강도를 크게 변화시키기 때문에 빙하기의 재현을 충분히 설명할 수 있다고 주장하였다.

'궤도의 이심률이 뭐지?'

우인은 또 이심률에 대해 알아봤다.

'아하, 지구 궤도가 타원형으로 돌고 있는데 태양과 가까운 거리와 먼 거리의 차이가 이심률이구나. 이것 때문에 빙하기가 왔다고? 그럼 빙하가 형성되기 전에는 지구가 타원형으로 돌지 않았다는 말인가? 의문 1의 설명으로는 말이 안 되는데?'

우인은 또 자전축의 경사 효과에 대해서 생각해 보았다.

'자전축의 경사 효과 때문에 빙하가 생겼다? 그럼 자전축이 기울기 전에는 빙하가 생기지 않았다는 말인가? 그때의 북극과 남극은 어떻게 됐을까? 지금과 달리 따뜻했을까? 어떤 원리로 설명할 것인가? 이것도 말이 안 되고.'

우인은 세차운동에 대해서 검색창에 쳤다.

'세차운동은 팽이가 돌면서 마지막에 심하게 좌우로 흔들리는 현상이구나. 지구가 그렇게 흔들리면서 빙하가 생겼다면, 지금은 빙하가 다 사라져야 하는 거 아닌가? 역시 의문 1에 대해서 설명이 안 되는데.'

우인은 자료를 찾으면 찾을수록 더 답답하기만 했다. 세 가지 의문점을 설명해 주는 가설이 없었기 때문이다. 그러면서 박 교수에 대한 부담보다는 서서히 호기심이 발동하기 시작했다. 그리고 준수는 어떤지 궁금해졌다. 그래서 준수에게 전화를 했다.

"당신은 사랑받기 위해 태어난 사람 당신의 삶 속에서 그 사랑 받고 있지요."

여전히 그 컬러링이 수화기를 타고 우인의 귀에 흘러들어왔다. 그리고 우인은 종교가 달라도 준수를 여전히 사랑하는 그 약혼녀가 직접 부르고 있는 것처럼 친근하게 느껴졌다.

"어, 우인이구나."

"선배, 그날 잘 들어갔어? 좀 취했었잖아. 기억해?"

"기억하지. 그때 기분이 아주 좋았다. 그래서 좀 취했어. 내가 실수한 거 없지?"

"그럼. 여전히 선배는 술을 마셔도 젠틀하고, 남을 잘 배려하 잖아. 참, 근데 내가 그때 알아보라고 한 거 알아봤어? 오늘 그 교수님을 만나러 가야 하는데."

"응, 그래. 일단은 과거의 지구에는 온도 편차를 막아주는 어떤 장치가 있었던 것 같다. 그렇지 않고서야 북극과 사하라 사막 지역이 같은 온대지역일 리 없잖아. 태양과 지구 사이에서 온도 편차를 막아주는 뭔가가 있다가 오늘날에는 사라진 것 같아. 그리고 해수면의 차이 말인데, 어쩌면 빙하가 그 장치와 관련이 있지 않나 싶다. 과거의 지구에는 있었는데 없어진 것이 온도 편차를 막아주는 장치라면, 과거의 지구에는 없었는데 있게 된 것이 지금의 빙하잖니? 그러니까 과거의 장치와 지금의 빙하가 연관된 것이 아닐까라고 생각되는 거지. 이 세상에는 그냥 생기는 것이 없잖니? 다 이동되는 거지. 그래서 그렇게 생각해 보는 거야."

"와, 대단한데. 그런 식으로 단서를 해석하는 거구나. 그럼 그 장치는 어떻게 생겼고, 왜 지금의 빙하로 변한 것일까?"

"그거야 나도 모르지."

"응? 그게 다야?"

"일단은 단서에서 얻을 수 있는 해석은 그게 다고. 이제 그 해석을 가능하게 만들 가설을 찾아야지. 그래서 그 가설부터 시작해서 추론해 가다 보면 단서들이 하나씩 퍼즐처럼 들어맞고, 그러면 가설이 정설이 되는 거지. 그런데 가설을 세우기가 참 어렵더라."

"그럼 밀랑코비치의 세 가지 가설들은 어때?"

"그건 좀 부족하던데. 지구 전체에 빙하가 생겼다가 그 다음에 다시 다 녹았다가 한다면 그런 가설도 가능성이 있겠는데, 현재 빙하가 그렇지 않잖아. 지금 빙하의 문제는 세 가지 현상을 설명하는 것이 관건이야. 첫째는 빙하가 하나도 없는 지구가 어떻게 가능한지, 둘째는 왜 지구에 빙하가 생겨났는지 그리고 셋째는 왜 현재 북극과 남극에만 빙하가 남았는지를 설명하는 가설이 나와야 정설이 될 수 있는 거지. 그런데 밀랑코비치의 가설은 이 세 가지를 모두 충족시키지는 못하고 있어. 필요충분 조건에는 미달인 셈이지."

"그건 나도 그렇게 생각하고 있었어. 그럼 선배의 결론은 과거의 지구에는 온도 편차를 막아주는 어떤 장치가 있었는데 그것이 사라져서 지구에 온도 편차가 생긴 것이고, 그리고 그 사라진 장치가 어쩌면 빙하와 관련이 있을 것 같다는 얘기지?"

"그런 셈이지. 그런데 참 어려운 숙제다. 지구의 과거를 알아내는 문제니 말이다."

"일단 알았어. 모르면 모르는 대로 가봐야지 뭐. 고마워, 선배."

"그래, 건투를 빈다."

"또 연락할게. 수고해."

전화를 끊고, 우인은 박 교수를 만나는 것이 조금은 미안했다. 지난번의 산소 발생 문제도 그렇고, 이번에 빙하의 문제도 속시원한 해답을 찾지 못하고 가기 때문이다. 그러나 한편으로는 아무리 자료를 찾아도 없으니까 '나보고 어쩌라구' 하는 마음도 있는 것이 사실이다.

"똑똑똑."

"들어와요."

"교수님, 저 왔습니다."

"우인 군, 어서 와. 잘 지냈나?"

"예, 잘 지냈습니다. 근데 내주신 숙제를 하느라 좀 힘들었습니다."

"하하, 힘들었나? 그래 결론은 어떻게 나왔나?"

"가설이 몇 개 있기는 하지만, 시원한 해답은 얻지 못했습니다. 그 대신 빙하의 단서들을 종합해 보면서 과거의 지구에는 온도 편차를 줄이는 장치가 있었던 것이 아닌가 생각해 보았습니다. 그것 때문에 지금은 기후가 전혀 다른 북극과 사하라 사막 지역이 같은 온대 지역이었다가, 그 장치가 사라지면서 지금처럼 온도 편차가 큰 지구가 되지 않았을까 하고 생각했습니다."

"오, 그래? 그럼 그 장치는 어떻게 생겼을까?"

"아직 거기까지는 미처 알아보지 못했고, 혹시 그 장치라는 것하고 빙하가 무슨 관련이 있는 것은 아닌가 생각해 보았습니다."

"어째서 그렇게 생각했나?"

"과거의 지구에는 있었는데 현재의 지구에 없는 것이 온도의 편차를 줄이는 장치이고, 과거의 지구에는 없었는데, 현재의 지구에 생긴 것이 빙하잖아요. 그러니까 그 장치와 빙하는 상관관계가 있지 않을까 생각해 보았습니다."

"오, 놀라운데. 그럼 그 장치와 빙하가 어떻게 연관이 될까?"

"아직 거기까지는 미처 생각을 하지 못했습니다."

"그렇군. 그런데 어떻게 그런 연관성을 생각하게 되었나? 지금까지 그런 연관성을 생각한 학생은 없었는데."

갑자스런 박 교수의 질문에 우인은 순간 당황했다. 차마 선배의 도움으로 그렇게 생각했다고 말하기가 어려웠기 때문이다. 그래서 말을 더듬거렸다.

"저, 그냥 이렇게 저렇게 생각하다 보니까 그렇게……."

"좋아, 아주 좋아. 우인 군, 과학도 창의력이 풍부해야 한다네. 그래야만 다양한 각도로 볼 수 있고, 다양한 시도를 할 수 있지. 자네의 그런 창의력은 자네의 논문에도 아주 좋은 영향을 미칠 수가 있을 거야. 앞으로 더 기대하겠네."

"아직 해답을 다 찾은 것도 아닌데요."

"해답? 찾기 어렵다는 거 알아. 하지만 자네처럼 그렇게 찾아가는 과정이 중요한 거야. 자네는 훌륭하게 과정을 밟아 가고 있네. 앞으로 좋은 결과가 있겠어. 아주 좋아."

박 교수는 우인의 말을 듣고, 무척 흐뭇해했다. 사실 지금까지 많은 학생들에게 질문을 던져봤지만, 우인처럼 성실하게 그리고 진지하게 숙제를 해오는 학생이 드물었기 때문이다. 박 교수의 흐뭇한 표정을 보면서 우인도 왠지 기분이 좋았다. 앞으로 박 교수와의 관계가 좋아질 것이라는 느낌을 받았다.

사실 우인은 아버지가 일찍 돌아가셨기 때문에 나이 든 남자를 대하는 일이 익숙하지 않았다. 그래서 나이 든 교수들을 대할 때면 무척 어렵고, 부담스러웠던 것이 사실이다. 그래서 선배들을 오히려 더 편하게 생각하고, 의지했는지도 모른다. 그런데 이제 나이 든 교수를 처음으로 가깝게 느끼기 시작한 것이다.

"그럼 빙하 문제는 나중에 더 이야기하기로 하고, 오늘은 석탄과 석유 얘기를 좀 해볼까?"

"석탄과 석유요?"

"우인 군, 자네는 석탄이 어떻게 해서 생기는지 아는가?"

"잘은 모르지만, 나무가 땅 속에 파묻혀서 석탄이 되는 거 아닌가요?"

"대충은 알고 있구만. 정확히 말하면, 석탄은 식물질이 물에 젖은 상태에서 수십 또는 수백 미터의 땅 속에 묻히고, 지압과 지열을 받아 성질이 변할 때 생성된다네. 이해하겠나?"

"예, 이해했습니다."

"그러면 석탄이 생성되려면 어떤 자연조건이 먼저 형성되어야겠나? 울창한 숲에 나무들이 서 있네. 먼저 그 나무들이 뽑혀서 한 곳에 모여야 하고, 물에 젖어야 하네. 그렇게 되려면 어떤 자연 현상이 일어나야 할까?"

"집중호우가 내려서 홍수기 나면 되겠는데요. 나무가 뽑히고, 그 나무들이 둥둥 떠내려가다가 서로 뒤얽혀서 계곡 같은 곳에 모이면 될 것 같습니다."

"아주 좋아. 자, 그렇게 모인 나무들이 수십 또는 수백 미터 땅 속으로 파묻히려면 어떤 자연 현상이 일어나야겠나?"

"그거야 당연히 땅이 갈라지는 지진이 나야겠지요."

"맞아. 지진 말고는 깊은 땅 속으로 뭔가가 들어가는 것이 설명이 안 되지. 진화론자들은 뽑힌 나무 위에 퇴적물이 오랜 세월 동안 쌓이고 쌓여서 석탄이 되었다고 하지만, 나무는 뽑힌 상태에서 몇 달이면 다 썩어 없어지지. 퇴적물이 쌓여도 단지 몇 cm 또는 몇 m 정도 쌓여가지고는 석탄을 만들지 못해. 그래서 퇴적물보다는 지진이 더 가능성이 높지. 그럼 그 지진의 강도는 어느 정도가 되어야 한다고 생각하나?"

"땅이 수십 또는 수백 미터 깊이로 갈라질 정도면 진도 8 이상은 되지 않을까요?"

"보통 진도 8에서는 약한 벽을 가진 건물들이 무너지고, 강도 9 이상이 돼야만 땅이 갈라지면서 건물들이 무너지지. 더군다나 수십 또는 수백 미터 정도까지 땅이 갈라지려면 적어도 강도 10 이상은 되어야 하고, 그 정도면 단순한 지진만이 아니라 화산 분출이 되었을 것이라고 봐야지."

박 교수는 파란색 파일에서 도표 하나를 꺼내 가지고 우인에게 보여준다.

전세계 석탄 매장량 상위국

(단위 : 억톤, %)

순위	국가	매장량	점유율
1	미국	2466	27.1%
2	러시아	1570	17.3%
3	중국	1145	12.6%
4	인도	924	10.2%
5	호주	785	8.6%
6	남아공화국	487	5.4%
7	우크라이나	341	3.8%
8	카자흐스탄	312	3.4%
9	폴란드	140	1.5%
10	브라질	101	1.1%

"지금 자네가 보는 이 자료는 세계 석탄 매장량 분포도인데, 이 분포도를 보면 석탄이 많이 매장된 나라들이 주로 어떤 나라들인가?"

"주로 국토 면적이 큰 나라들인데요."

"왜 그렇다고 생각하는가?"

"그거야 땅이 넓으니까 나무도 많이 자랐을 것이고, 그렇기 때문에 석탄도 더 많이 매장된 것이 아닐까요?"

"그렇겠지."

박 교수는 자료를 다시 파일에 집어넣으면서 우인을 쳐다보며 말했다.

"자, 그럼 정리 한번 해보세. 전세계에 이렇게 많은 석탄이 골고루 매장되었다는 것은 무엇을 의미하는가? 전세계에 어떤 자연 현상들이 일어났다는 말인가?"

"전세계적으로 집중 호우로 인한 대홍수가 일어나고, 동시에 리히터 규모 10 이상의 강진과 화산 활동이 발생했다는 것을 의미한다고 봐야겠는데요."

"자네는 집중 호우 그리고 지진과 화산 활동이 동시에 그것도 전세계적으로 일어나는 일이 흔한 일이라고 생각되나?"

"집중 호우와 화산 활동은 전혀 다른 일이기 때문에 동시에 일어날 수는 있지만, 이렇게 전세계에서 일어났다는 것은 우연의 일치라고 하기에는 특이하다고 느껴집니다."

"좋아. 객관적으로 볼 때, 자연스러운 현상으로만 보기 어려울 정도로 특이한 일이지. 그런데 대단한데? 자네의 상상력과 추리력이 다른 학생들보다도 정말 뛰어나단 말야. 그냥 칭찬이 아닐세. 날 정말 놀라게 하는군. 다른 학생들은 내가 약간씩 도와줘야 하던데, 자네는 술술 풀고 있어. 그만큼 생각의 깊이가 있다는 증거지. 좋아, 아주 좋아."

거듭되는 박 교수의 칭찬에 우인은 무척 기뻤다. 무엇보다도 자신이 다른 학생들보다도 더 뛰어나다고 말해 주는 것이 기분 좋았다. 우인은 항상 내가 지금 어디쯤에 있을까 궁금했다. 동기들 중에서 박사 과정을 하는 학생이 자신밖에 없었기 때문에 더더욱 자신이 어느 정도인지가 궁금했다. 그리고 어느 정도를 해야 다른 학생들을 제치고 빨리 박사가 되고, 교수가 될지 늘 궁금했기 때문에 박 교수가 비교해서 말해주는 것이 기뻤다. 이제 이대로만 가면 박사 학위도 받고, 교수가 될 수 있겠다는 확신이 점점 들기 시작했다.

"자, 그럼 석탄은 인간이 출현한 이전에 생성되었을까? 아니면 인간 출현 이후에도 생성되었을까?"

"자세히는 모르지만, 제가 배운 대로 하면 인간 출현 훨씬 이전에 생성되었다고 알고 있습니다."

박 교수는 이번에도 파란색 파일에서 사진을 한 장 꺼내면서 말한다.

"이 사진을 한번 보게. 이게 뭔지 아는가? 1912년 미국의 오클

라호마 광산에서 석탄을 캐다가 덩어리가 나왔는데, 그 덩어리를 깨뜨려보니 이 쇠단지가 나왔다네. 이 쇠단지가 무엇을 말하는지 아는가?"

"철기시대 이후에도 석탄이 생성되었다는 것을 말해주는 것 같은데요?"

"맞았다네. 그러니까 사람들이 당황했지."

"왜요?"

"왜는 왜야? 인간의 철기시대 이후로 석탄이 형성되었다는 것은, 철기시대 이후에 아까 말한 집중 호우와 강도 10 이상의 지진이 동시에 일어났다는 것을 말하기 때문이지. 생각해 보게. 그런 자연 현상이 일어나면 그 당시에 살던 사람들은 어떻게 됐겠나?"

"거의 다 죽었겠지요."

"그런데 인간 역사 기록 중에서 철기시대 이후에 그런 난리가 있었다고 기록된 역사가 있다고 들어봤나?"

"아직까지는 들어보지 못한 것 같은데요?"

"왜 없겠나?"

"모든 사람이 다 죽어서 그런 기록이 없을까요? 아니면 그냥 쇠단지만 석탄 속에 있었던 것은 아닐까요?"

"자네 석탄이 광산을 이루려면 얼마나 많은 나무가 모이고 묻혀야 하는지 아는가? 한번 생각해 보게."

"글쎄요, 광산으로 개발이 되려면 경제성이 있어야 하고, 그러려면 최하 20년 이상은 채굴할 수 있는 매장량이 있어야 개발을 하겠지요. 그 많은 양이 되려면 나무들이……."

우인은 석탄이 생성되는 상황을 상상해 보려고 조용히 눈을 감앉다. 잠시 그러고 있는 동안 박 교수는 웃으면서 기다려 주었다.

"와, 그 양이 어마어마하겠는데요?"

"그래, 광산이 하나 있다면, 보이지 않는 땅 속에는 정말 어마어마한 양의 나무들이 모이고 그런 나무들이 땅에 묻히려면 지진도 보통 지진 가지고는 안 되었겠지. 대홍수, 엄청난 양의 나무들, 큰 규모의 대지진이 일어나야만 광산이 하나 만들어질 수 있는 거라네. 이제야 실감이 나는가?"

"예, 그냥 말로만 석탄이라고 하니까 간단하게 형성된 것이라는 생각이 들었는데, 교수님의 말씀대로 광산으로 이해하니까 석탄이 형성되는 당시 상황이 얼마나 어마어마했는지 실감이 조금 되네요."

"바로 그런 상황에서 사람들이 살았다면 어떻게 됐겠는가?"

"당연히 모든 사람들 그리고 동물들이 다 죽었을 것 같은데요?"

"어떻게 죽었을 것 같은가?"

"일단 대홍수로 인해 물에 떠내려갔을 것이고, 지진이 일어나면 역시 사람이나 동물들도 땅 속으로 파묻혔을 것 같은데요?"

"바로 그것이 석유의 생성 원인이라네. 보통 석유의 근원에 대해서 여러 가지 설이 있지만, 가장 유력한 것은 유기성인설, 즉 동물의 유기물이 석유로 변질된 것이라고 보는 견해가 유력하다네."

"아하, 그렇군요. 석탄과 석유는 다른 상황에서 발생된 것이 아니라 같은 상황에서 발생했지만, 서로 다른 결과물이 됐다는 말씀이시지요?"

"물론이고말고. 나무들은 홍수에 의해 떠내려가더라도 어디까지 떠내려가겠는가?"

"나뭇가지들 때문에 서로 얽혀서 계곡이나 굴곡 사면을 만나면 멈출 가능성이 많으니까 강 하류까지는 못 가고, 강의 상류의 구불구불한 계곡에서 멈추었을 것 같습니다."

"그렇지. 그래서 석탄이 주로 발견되는 곳들이 큰 산 하단부에 있는 계곡이라네. 반면에 석유는 어디서 발견되나?"

"학교 다닐 때 육지와 바다의 인접 지역인 바다 밑 200m 지역인 대륙붕에서 주로 많이 발견된다고 들었습니다."

"그러면 석유는 왜 주로 그런 대륙붕에서 발견된다고 생각되나?"

"글쎄요. 생각해 보지 않아서 잘 모르겠습니다."

"석유는 주로 동물이 깊은 땅 속에 묻혀서 지압과 지열을 받아 변질된 것이라네. 집중 호우가 나거나 홍수가 나면 동물들은 어떻게 떠내려가나?"

"강 같은 곳에서 둥둥 떠다닙니다."

"맞아. 동물은 공기 주머니가 있고, 부피가 크지 않아서 물에 떠내려가면 아주 빨리 잘 떠내려가지. 대개 강 하류까지 떠내려 간다네. 그리고 바닷물과 강물이 만나는 경계에서 머물게 되지. 그래서 쓰레기들이 강 하류에 많이 모이는 것이라네. 그때 그곳에 강도 10의 지진이 일어나면 어떻게 되겠나?"

"하류에 떠내려 온 수많은 동물들이 한꺼번에 땅 속으로 파묻힐 것 같습니다."

"그래서 유전은 대개 강 하류 지역에 있다네. 그곳이 바로 대륙붕이야. 미국 뉴올리언스 유전지역도 미시시피 강 하류에 있고, 중동의 유전도 유프라테스 강과 티그리스 강 하류 지역에 집중되어 있지. 발견되는 위치를 보아서도 유기성인설이 맞다고 보는 것일세."

"그래서 유전들이 강 하류에 있는 대륙붕에서 개발이 되는 것이군요."

박 교수는 이번에도 파란색 파일에서 도표를 하나 꺼내 놓는다.

"자, 이 도표는 세계 석유 매장량에 관한 도표일세. 이 도표를 자세히 보고 이상한 점이 있는지 한번 찾아보게나."

우인은 뭐가 이상하다고 하는지 찾아보기 위해서 고개를 숙이고 도표를 보았다. 그리고 중동 그래프에 시선이 멈추었다.

"여기가 이상한데요? 땅이 넓은 지역은 석유가 별로 매장되어 있지 않은데, 중동지역같이 작은 지역에 이렇게 엄청나게 많은

석유 매장량 분포도

지역	매장량 (1억 배럴)
아시아	387
북미	499
아프리카	774
유럽	975
중남미	986
중동	6856

석유가 매장되어 있네요."

"아주 잘 보았네. 자네는 왜 이렇게 작은 규모의 중동지역에 많은 석유가 매장되었다고 보나?"

"아까 동물이 석유가 되었다고 하셨으니까, 동물이 많이 살지

않았을까요?"

"그렇게 생각하는가? 그럼 동물들은 한데 모여 살 수 있다고 생각하나?"

우인은 박 교수의 질문에 잠깐 머뭇거렸다. 아주 쉬운 질문이기 때문이었다. 그러나 잠시 생각하면서 피식 웃었다. 자신이 놓친 것이 있었기 때문이다.

"아, 먹이사슬."

"먹이사슬이 왜?"

"육식동물이 돌아다니며 초식동물들을 잡아먹기 때문에 동물들은 한 곳에 모여 살 수가 없습니다."

"자, 그렇다면 왜 이렇게 좁은 지역인 중동에 이렇게 많은 석유가 매장된 것일까?"

"글쎄요."

"고민 좀 해보게. 이것이 오늘의 숙제일세."

지하철역으로 오는 동안 역시 우인은 아무것도 눈에 들어오지 않고, 아무것도 귀에 들리지 않았다. 궁금증이 온통 정신을 빼앗았기 때문이다.

'왜 그런 엄청난 자연재해가 있었는데 아무 기록이 없을까? 어떻게 대홍수와 큰 지진들이 동시에 전세계적으로 일어날 수 있을까? 석탄은 대륙별로 골고루 분포되어 있는데, 석유는 왜 중동에만 그렇게 많이 매장되었을까?'

아홉 번째 이야기

갈등

"일어나세요, 일어나세요, 안 일어나? 에이 대포나 한 방 맞아라 빵! 일어나세요, 일어나세요, 안 일어나? 에이 대포나 한 방 맞아라 빵!"

어젯밤에도 우인은 인터넷 전자도서관에서 자료들을 찾느라 늦게 잠을 잤다. 그래서 알람 소리에 겨우 눈을 뜨고, 알람을 껐다. 알람 소리를 들으며 우인은 갑자기 동생 현우가 보고 싶어졌다. 현우는 아버지의 빈자리 때문에 우인을 더 의지하고 잘 따랐다. 나이도 아홉 살이나 차이가 났기 때문에 우인은 현우에게 형 이상의 존재였다. 우인은 그대로 엎드려서 동생 생각에 잠겼다.

'아침 먹고, 통화나 한번 해야겠구나.'

우인은 대충 토스트에 잼을 발라서 아침 식사를 해결하고, 현우에게 전화를 걸었다.

"우리 지금 만나(만나) 아 당장 만나(당장 만나) 우리 지금 만나(만나) 아 당장 만나(당장 만나) 휴대전화 너머로 짓고 있을 너의 표정을 나는 몰라(몰라 몰라 나는 절대로 몰라)

우리 지금 만나(만나) 아 당장 만나(당장 만나) 우리 지금 만나(만나) 아 당장 만나(당장 만나) 말문이 막혔을 때 니가 웃는지 우는지 나는 몰라(몰라 몰라 나는 절대로 몰라)."

동생의 휴대전화 컬러링을 듣고 있으면서 우인은 웃음이 나왔다.

'뭐 이런 노래도 다 있나? 재미있네. 역시 현우답구나.'

그렇게 웃다가 갑자기 '당장 만나'라는 가사가 반복되는 것을 듣는 순간 현우에게 미안한 마음이 들었다.

'얼마나 사람이 그리웠으면 이런 노래를 컬러링으로 했을까, 나도 참 무심했구나.'

"여보세요? 형이야?"

우인이 한참 그런 생각을 하고 있는 동안 현우의 목소리가 들렸다.

"응, 형이야. 잘 지냈니?"

"나 잘 못 지냈어."

"왜? 무슨 일이 있니?"

"응, 큰일이 좀 있었어."

"무슨 일인데? 어머니가 다치셨니?"

"아니, 그런 일은 아니고."

"빨리 말해 봐. 무슨 일이야?"

"응, 형이 너무 보고 싶어서."

우인은 현우의 말에 더 이상 말을 잇지 못했다. 동생에 대한 미안함이 밀려왔기 때문이다. 생각해 보면, 지난 5년 동안 우인은 석사 과정을 하고, 박사 과정을 한다고 현우에게 너무 무심했다. 그러는 동안 현우는 인생에 있어서 가장 중요한 중·고등학교 과정을 보내고, 고향 근처에 있는 지방대학에 진학을 했다. 그런데 우인은 그런 동생에게 형 노릇을 제대로 하지 못한 것이다.

"그러면 전화 좀 하지, 바보야."

"나는 자주 하려고 하는데, 엄마가 못하게 해."

"어머니가? 왜 못하게 하셔?"

"형 방해하지 말라고. 자꾸 전화하면 가족들 걱정에 공부에 집중하지 못한다고 못하게 하셔. 그래서 지금까지 내가 먼저 전화를 못한 거야."

우인은 또 어머니와 동생에게 미안함이 밀려왔다. 그랬다. 어머니나 현우는 우인이 전화를 하기 전에 한 번도 전화를 먼저 한 적이 없었다. 우인이 외로움에 지쳐서 전화를 하면 그때나 통화를 했지, 한 번도 현우나 어머니가 먼저 전화를 건 적은 없었다.

'내 공부를 돕기 위해서 전화를 먼저 안 하신 것이라니.'

우인은 새삼 어머니의 강인함이 마음에 사무치게 느껴졌다. 남편 없이 아들 둘을 키워서 대학에 보내고, 또 큰아들을 보란 듯이 대학교수로 만들어 보기 위해 어머니는 힘들어도 힘들다고 내색도 하지 못하시고, 보고 싶고 궁금해도 꾹 참고 인내하신 것이었다.

'어머니, 죄송해요. 난 그런 줄도 모르고⋯⋯.'

우인은 때로 강인한 어머니가 부담스럽고, 어려울 때도 있었다. 자신도 다른 아이들처럼 힘들다고 투정을 부리고, 용돈도 더 달라고 떼도 써보고 싶었다. 그러나 남편 없이 혼자서 고생하시는 어머니를 생각하면 차마 그렇게 하지 못했다. 어머니의 얼굴을 보면 그런 나약한 마음은 싹 사라지고, 더 열심히 공부해야 한다는 생각만 떠올랐다. 멀리 있으면 그리운 어머니, 그러나 가까이 있으면 각오를 더 단단히 하게 만드는 어머니였다.

"형? 요즘 어떻게 지내? 논문은 잘 쓰고 있어? 언제 교수가 되는 거야?"

"지금 논문을 쓰기 위해 준비하고 있어. 그리고 심사를 통과하면 박사 학위를 받을 것이고. 교수가 되는 것은 그 다음인데, 사실 박사 학위를 받는다고 자동적으로 되는 것은 아니야. 생각보다 쉽지만은 않은 것 같다."

"그래? 그러면 안 되는데."

"그러면 안 되다니? 그게 무슨 말이니?"

"응 그게, 엄마는 형이 이번에 논문만 쓰면 박사 학위를 받고, 바로 교수가 되는 줄 알고 계시거든. 그래서 맨날 '네 형이 박사 학위만 받아봐라. 교수님이 될 거다' 그러시거든."

갑자기 그 말을 듣는 우인이의 목이 멨다. 자신은 어머니의 희망이었는데 그것을 모르고 살아온 것처럼 느껴졌기 때문이다.

'그래, 내가 지금 한가하게 시간을 보내선 안 돼. 이제부터는 논문에 더 집중해야 돼.'

"현우야, 형이 더 열심히 할게. 너도 엄마 옆에서 잘 보살펴 드려. 알았지?"

"응, 알았어. 공부도 좋지만, 건강도 챙기면서 해."
"그래, 근데 넌 공부는 할 만하냐? 그 학교 맘에 들어?"
"좀 별로야. 학생들도 공부를 잘 안 하는 것 같고, 교수님들도 공부를 시키려는 의지가 별로 안 보여."
"이 바보야, 그래서 형이 서울로 올라오라고 한 거야. 그런 데서 뭘 배우고, 나중에 취직은 어떻게 할래?"
"나도 그러고 싶었지. 근데 그게 잘 안 되더라구."
"무슨 말야, 그때 네 점수라면 충분히 서울로 올 수도 있었는데. 그러고 싶었다면서 왜 올라오지 않았어?"
"엄마 때문에."
"어머니 때문에?"
"응, 나마저 서울로 올라가면 엄마는 진짜 혼자잖아. 그래서."
 우인은 또 한 번 망치로 머리를 얻어맞은 것처럼 멍했다. 어머니를 생각하는 현우의 마음을 알고서 우인은 지금까지 자신의 목표만을 추구해 온 자신이 너무나 부끄러웠다.
 '자식, 많이 컸네. 네가 나보다 진짜 장남이구나.'
 그러나 우인은 차마 그런 마음을 동생에게 표현할 수가 없었다. 자신의 성공을 원하는 어머니, 그리고 그런 어머니 곁을 묵묵히 지키려는 동생을 위해서 자신이 할 수 있는 일이 아무것도 없었기 때문이다.
 '그래, 내가 빨리 논문도 쓰고, 박사 학위도 받고, 교수가 되어서 어머니와 현우를 서울로 데려와야 해. 그래서 우리 세 식구 함께 사는 거야.'
 우인은 말 없이 각오를 단단히 하였다. 그리고 논문을 쓰는 일에만 집중하기로 결심했다.
"현우야, 형 대신 어머니에게 잘 해 드려. 내가 나중에 다 갚아 줄게. 어머니를 부탁한다. 알았지?"
"그래, 형은 걱정 말고 열심히 해서 박사 학위도 받고 교수도 돼서 엄마를 기쁘시게 해 드려."
"그래, 열심히 하마. 그럼 나중에 다시 통화하자. 그리고 형하고 통화하고 싶으면 언제든지 전화해. 방해되지 않으니까. 오히려 네가 나에게 힘이 돼. 알았지?"
"응, 알았어. 잘 지내."
"그래, 어머니에게 안부 전해 드려라. 끊는다."
전화를 끊고, 우인은 지금도 밭에서 쭈그리고 앉아서 일하고 계실 어머니의 모습을 떠올려 본다.
'내가 어머니를 돕는 길은 논문을 빨리 쓰는 것이다.'

학교에 가는 우인의 발걸음이 예전보다 빨라졌다. 처음 논문 주제를 정하고 박 교수에게 갈 때처럼 활기차고 진취적인 발걸음이 되었다. 사실 그동안 박 교수가 내주는 이상한 숙제들 때문에 논문에 집중하지 못한 것이 사실이다. 그래서 이제부터는 그런 주제들은 뒤로 미루고, 논문을 쓰고 나서 한가로울 때 관심을 갖기로 결심했다. 그러니 마음이 한결 가벼워지고 편해졌다.

"똑똑똑."
"들어와요."
"교수님, 저 왔습니다."

"우인 군, 어서 와. 근데 어쩐 일이야? 오늘 오는 날 아니잖아?"
"예, 논문에 대해서 교수님과 더 깊이 대화를 나누고 싶어서 왔습니다."
"왜, 무슨 일이 있나?"
"무슨 일이 있는 것은 아니고요, 그냥 논문을 빨리 쓰고 싶어서요."
"그렇군. 그런데 박사 학위 논문이니까 급하게 서두르기보다는 꼼꼼하게 쓰는 것이 더 중요하다고 생각하는데. 아무튼 자네의 논문에 나도 더 관심을 가지고 도와주겠네. 다른 학생들보다 자네에게 관심이 가는 것은 사실이야."
"정말이세요? 감사합니다."
"자네는 다른 학생들하고 좀 다른 것 같아. 진지하고, 성실하고, 과묵하고, 뭔가 책임감이 강한 학생 같아 보여. 어떤 때는 뭔가에 좀 압박을 당하는 것처럼 보이기도 하지만, 그런 모습은 오히려 연구하기에 더 좋은 작용을 하지."
"좋게 보아 주시니 감사합니다."
"그럼 내가 논문 이외의 이야기를 하는 것이 좀 부담스럽겠는데? 맞나?"
"꼭 그런 것은 아닌데, 논문을 쓰는 일에 집중이 안 되는 것은 사실입니다."
"하하, 그런가? 그럼 내가 왜 그런 대화를 하는지 말해야겠군. 사실 난 자네의 논문보다는 자네에게 관심이 더 있다네. 그 이유는 두 가지인데, 첫째는 자네가 좋은 교수가 될 자질이 있다는 것이고, 둘째는 왠지 나는 자네가 맘에 들었다네. 그래서 단지 논문을 잘 쓰게 만드는 것보다 좋은 교수가 되게 만드는 것이 필요하다고 생각했다네. 교수는 논문 하나 쓰고, 통과돼서 박사 학위를 받고, 교수로 임용되면 할 수 있다네. 그러나 문제는 '교수가 되는 것이 아니라 어떤 교수가 되느냐' 하는 거야. 이 땅에 교수는 많다네. 그러나 좋은 교수는 흔치 않아."

"그럼 좋은 교수는 어떤 분들인가요?"

"좋은 교수는 간단하게 말해서 균형을 갖춘 교육을 하는 교수라고 말할 수 있지. 자기가 전공한 학문만을 제일이라고 고집하지 않고, 전체를 균형 있게 보면서 자신의 연구 분야가 그 전체의 한 부분임을 인정하고, 학생들에게 그렇게 균형 있는 가르침을 주는 교수가 좋은 교수라는 거지. 이해하겠나?"

"예, 이해는 하겠지만, 저에게 빙하나 석탄, 석유 같은 이야기들을 말씀하시는 이유는 아직 잘 모르겠습니다."

"쉽게 이해하기는 어렵겠지. 자 예를 들면, 경제를 연구한다고 할 때 자네는 거시경제가 더 중요하다고 보나, 미시경제가 더 중요하다고 보나?"

"그거야 어느 것이 더 중요하다기보다는 한 나라의 경제를 연구하려면 거시경제와 미시경제를 다 연구하는 것이 중요할 것 같은데요?"

"맞았어. 생산자와 소비자 그리고 시장 분석 같은 미시적인 부분도 중요하지만, 국민소득, 실업률, 환율, 국제수지 등과 같은 경제 전반에 영향을 미치는 거시적인 부분도 중요하지. 그러니까 경제학 교수라면 이 미시경제와 거시경제에 관한 균형 잡힌 시야와 가치관을 가지고 학생들을 가르칠 때 균형 잡힌 학생들이 배

출되고, 그런 학생들이 이 사회를 균형 있게 성장시킨다는 거야. 이해하겠나?"

"무슨 말씀이신지 알겠습니다."

"물리학도 마찬가지야. 과거 17세기 때부터 물리학이 발전하였는데, 그때는 거시적인 현상에 관한 물리학이 대세였다네. 현미경과 같은 장비가 부족하기 때문에 육안과 망원경으로 관찰되는 것에 관해서만 연구가 가능했지. 그러다가 20세기 초반에 양자역학이 발표되면서 미시적인 현상에 관한 학문이 주로 발전해왔다네. 자네의 연구 주제도 이 미시적 현상에 관한 것이라고 봐야지. 양자역학, 더 나아가서 소립자론이 바로 현미경으로 관찰해야만 하는 미시적인 물리학 분야라고 할 수 있는 거야."

"그러니까 교수님 말씀은 거시경제와 미시경제를 균형 있게 연구해야 하는 것처럼, 거시적 현상을 연구하는 것과 미시적인 분야를 연구하는 것이 균형을 이루어야 한다는 말씀이시지요?"

"맞네. 비행기가 균형을 잃으면 추락하는 것처럼 모든 것이 균형을 잃으면 추락하게 되는 거야. 그래서 소립자론을 연구하는 자네에게 나는 지구의 거시적인 현상들에 대해서 생각할 시간을 주는 거야. 지금 소립자론의 문제가 뭔지 아나?"

"잘은 모릅니다."

"죽은 사람과 산 사람을 소립자론으로 분석해 보면 다를 것 같은가, 같을 것 같은가?"

"같을 것 같습니다."

"그래? 그럼 죽은 사람과 산 사람은 다른가, 같은가?"

"다릅니다."

"다른 정도가 아니라 엄청난 차이지. 살아 있느냐 죽었느냐는 엄청나게 중요한 문제야. 그런데 소립자론은 그것에 대해서 어떤 결론을 줄 수 있는가? 차이가 없다는 거야. 자꾸 쪼개 보면 뭘로 구성되고 어떻게 구성되었는지는 알 수 있지만, 서로 왜 다른지, 어떻게 다른지를 설명하지 못한다는 거야. 그래서 소립자론을 연구하는 사람들은 자연철학을 함께 공부해야 한다는 거야."

"자연철학을요?"

"자네 통섭(統攝, consilience)이라고 들어 봤나? 이 통섭은 '지식의 통합'이라고 부르기도 하는데, 자연과학과 인문학을 연결하는 통합 이론이야. 원래 자연과학과 인문학은 하나였어. 그런데 르네상스 이후부터 점차 분화되어 현재처럼 자연과학과 인문학이 별개처럼 된 거야. 전체를 각각의 부분으로 나누어 연구하는 '환원주의'라고 할 수 있지. 그러나 한 학문을 깊이 연구하면 할수록 다른 학문과 연관이 되는 것을 알게 되는 거야. 원자물리학은 화학과 깊은 관련이 있고, 화학은 또 생물학과 관련이 깊은 것을 알게 되지. 그래서 한 분야만 연구하는 편협한 자세로는 정확히 뭔가를 알 수 없는 거야. 그래서 균형 있는 사고와 연구를 해야 해."

우인은 지금 문턱 앞에 서 있는 느낌이었다. 지금까지는 그냥 쉽게 기어서 왔지만, 앞에는 문턱이 있어서 그 너머를 보지 못하고 있는 것처럼 답답함을 느꼈다. 이 문턱을 넘으면 새로운 세상이 열리고 새로운 단계에 진입을 하지만, 이 문턱에서 주저앉으면 그냥 여기서 성장이 멈추고 말 것 같았다. 그러나 이 문턱을 넘으려면 용기와 교수님에 대한 신뢰가 필요하다고 느꼈다.

'그냥 쉽게 논문이나 쓰고, 박사 학위를 받는 것에 만족할 것인가? 아니면 교수님이 지도하시는 대로 따라갈 것인가?'

갈등하는 모습이 역력한 우인의 모습을 보고 박 교수는 한 발 물러나듯 기다려 주었다. 마치 우인의 마음을 이해하고 있는 것처럼 박 교수는 여유 있게 기다렸다.

"교수님?"

"응, 말해 보게."

"오늘은 이만 가봐야겠습니다. 사실은 제가 오전에도 좀 복잡한 일이 있었고, 지금도 교수님에게 많은 말씀을 들어서 머리가 좀 복잡합니다. 그래서 다음에 말씀을 나누는 게 좋겠습니다."

애써 웃으면서 말하는 우인의 모습을 보면서 박 교수는 충분히 이해한다는 듯이 지그시 미소를 지어 보이며 말했다.

"그럼 그렇게 해. 그리고 난 자네가 논문을 쓰는 것을 돕는 사람이라는 것을 명심해 두게. 자네 원하는 대로 도와주겠네. 알았지?"

"예, 교수님. 감사합니다."

우인은 어떻게 인사하고 나왔는지도 모르게 서둘러 연구실을 나왔다. 교수님의 말을 들으면서 자신이 한없이 초라하게 느껴졌다. 마치 빨리 초등학교에 가야겠다고 큰 소리치는 유치원생처럼 느껴져서 얼굴이 화끈거렸다. 그리고 박 교수의 말을 듣고, 어떻게 대답해야 할지 마음이 복잡해졌다. 그래서 일단 그 자리를 벗어나고 싶었던 것이다. 연구실을 나오자 한 줄기 바람이 시원하게 우인의 얼굴을 스쳐지나갔다. 화끈거리는 얼굴이 시원해지는 것을 느꼈다. 하늘을 바라보니 구름 한 점 없이 맑은 하늘이 광활하게 펼쳐져 있었다. 그래서 그 자리에 잠시 서서 하늘을 바라보았다.

'어디론가 멀리 여행이라도 가고 싶다.'

연구실을 벗어나고 싶어서 서둘러 나왔지만, 우인의 답답한 마음은 좀처럼 시원해지지 않았다.

'이럴 때 차라도 있으면 교외로 드라이브라도 갈 텐데.'

하늘을 바라보면서 논문에 정신을 쏟고 살다 보니 계절이 지나가는 줄도 모르고 살았다는 것을 깨달으면서 우인은 자신이 참 재미없게 살고 있다고 느꼈다. 오늘따라 지하철역으로 걸어가는 우인의 발걸음이 쓸쓸하게 느껴졌다.

열 번째 이야기

기분 전환

 열쇠로 현관문을 열고 들어오니 아무도 없는 정적이 우인을 반겼다. 갑자기 다시 나가고 싶어졌다. 그런데 막상 나가도 만날 사람이 없고, 갈 곳도 없었다.
 '이런 때 취미라도 있으면 좋을 텐데.'
 이런 때 미친 듯이 땀을 흘리며 운동이라도 하고 나면 기분 전환이 될 텐데 우인은 돈도 넉넉지 못하고, 공부에 신경쓰느라 취미도 갖지 못하고 살아왔다. 다른 때 같으면 정적이 싫어서 먼저 텔레비전부터 켜놓는데, 오늘은 그냥 침대에 드러누워 조용히 눈을 감았다.
 그때 물속에 잠기듯 잠에 빠져드는 우인을 깨우는 핸드폰 진동소리가 울렸다.

"웅-, 웅-."

'누구지?'

발신자를 보니 준수 선배였다. 순간 우인의 얼굴에 밝은 미소가 번졌다.

"어 준수 선배, 어쩐 일이야?"

"응, 뭐하고 있었냐? 통화 가능하니?"

"응, 가능해. 왜?"

"이번에 지방으로 출장을 가는데 나랑 같이 가지 않을래?"

"출장? 근데 내가 따라가도 되나?"

"다른 때는 직원들이랑 같이 가는데 이번에는 나 혼자 가게 됐어. 그러다 네가 생각나더라. 나랑 같이 가서 바람도 좀 쐬고, 회도 먹고 오자."

"어디로 가는데?"

"주문진항"

"주문진항? 거긴 왜?"

"선박 하나가 불에 탔는데 그 원인을 조사해 달라고 해서."

"좋아. 언제 갈 건데?"

"내일 오전에"

"내일이라, 좋아."

우인은 머리가 복잡해서 바람을 쐬고 싶었는데 잘 됐다는 마음이 들었다. 그리고 준수처럼 기분 좋은 사람과 오랜 시간 함께 할 수 있다고 생각하니 더욱 기분이 좋았다.

"빵, 빵!"

"많이 기다렸어?"

"아니, 조금 전에 와서 기다렸어. 어서 타라."

"이거 회사 차야? 선배 차야?"

"작년에 장만했어. 연애를 하려니까 차가 필요하더라고. 비싼 차는 아니지만, 탈 만해."

"이제 결혼식만 남았네."

"그런 셈이지. 아 참, 너는 사귀는 사람 있니?"

준수의 말에 갑자기 우인은 현주의 얼굴이 떠올랐다. 왜 현주의 얼굴이 떠올랐는지는 몰라도, 싫지는 않았다. 그러나 내색할 수는 없어서 그냥 웃어 보였다.

"누군가 있기는 있구나. 근데 잘 안 되니?"

"아냐, 없어. 사귄다고는 말할 수 없고, 그냥 한번 소개팅한 아가씨가 있는데 가끔 생각이 나는 정도야."

"오, 그래? 그럼 전화해서 만나면 되지."

"아냐, 그냥 논문이나 쓰고 나중에 학위 받으면 만나보려고."

"왜? 직업이 없다고 튕기니?"

"그런 사람 아냐."

"오, 이젠 편들기까지 해? 그렇게 좋으니?"

준수의 유도심문에 우인은 자신도 모르게 넘어가고 있었다. 현주를 생각하는 것만으로도 미소가 나오고, 부끄러워하는 모습이 역력했다.

"사실은 다 좋은데 한 가지 때문에 만날 수가 없대."

"한 가지? 뭐 직업? 아니면 홀어머니?"

"아니, 종교."

우인은 종교라는 짧은 단어로 불편한 심기를 드러냈다. 현주를 생각하며 보였던 미소는 어느새 사라지고, 얼굴이 굳어버렸다.

"그게 무슨 말이야? 그 여자 이슬람이라도 되니?"

"아니, 기독교야."

"기독교? 그게 무슨 소리야. 네가 기독교인이 아니니까 만날 수가 없다는 거야?"

"그런 거지. 선배 애인하고 좀 다르지? 사람마다 다른가 봐."

"무슨 그런 경우가 다 있냐? 그러니까 기독교가 손가락질을 받는 거야. 사랑엔 국경도 없다는데 종교가 다르다고 못 만난다는 것은 좀 문제가 있지."

"사랑은 무슨, 소개팅해서 처음 만난 사이니까 충분히 그럴 수 있지."

"한 번 만난 건데 네가 이 정도면 무척 마음에 들었나 보다. 그렇게 마음에 들면, 너도 기독교를 믿겠다고 하고 사귀지 그러니?"

"어떻게 그렇게 거짓말을 하고 사람을 사귀어? 나는 그렇게 못해."

"역시 우인이 넌 꽉 막혔단 말야. 앞으로 네가 기독교를 믿을지 안 믿을지 누가 아냐? 믿을 의향은 있었는데 나중에 도저히 믿지 못하겠다고 하면 그만이지. 그때 가서 사랑을 물리라고 하겠니? 그러면 정말 종교도 아니지."

"난 그냥 논문 쓰는 일에만 집중하려고. 그리고 차차 시간이 나면 기독교에 대해서 연구도 좀 하고, 그래서 믿게 되면 다시 만나면 되지."

"그러다가 다른 놈한테 시집이라도 가버리면 어쩌려구?"

"그러면 어쩔 수 없지 뭐. 그러나 정말 내 짝이라면 그때에도 만나겠지."

"그래, 잘 생각했다. 일단 너의 일이 잘돼야 해. 남자는 일이 우선이더라. 일이 잘되고, 성공해야 남자로서 여자 앞에 당당하게 설 수 있는 거야. 넌 그저 논문에 신경쓰고, 박사 학위를 먼저 받아. 그러면 여자들이 줄을 설 거야. 박사니-임, 박사니-임 하면서. 하하하."

"웃기지 말고 운전이나 잘해. 그런데 선배랑 이렇게 여행을 가는게 정말 오랜만이다. 몇 년 만이야? 한 8년 됐나?"

"그 정도 되지. 내가 군대에 입대하기 바로 전이었으니까. 그때 오색약수터에 내려서 하루 민박하고, 설악산에 올라갔었지? 난 군대에서 힘들 때마다 그때를 떠올리고는 했다. 그때의 추억이 나에겐 큰 힘이 되었어."

"선배도 그랬어? 나도 그때의 여행이 생각날 때면 혼자 웃기도 하고, 마음이 편해지더라. 그때 민박에서 밥하다가 칼 들고 사진도 찍고, 수학여행 온 여학생들이 사진 찍자고 해서 선배는 같이 사진 찍어주고 그랬잖아. 그땐 인기 많았었는데."

"그랬었지. 그때가 인생의 황금기였던 것 같다. 걱정도 없이 꿈만 꾸던 그런 시절이었지."

"근데 그때 왜 갑자기 입대를 한 거야?"

"응, 사실은 부모님과 갈등이 있었어."

"부모님들하고 갈등? 무슨 갈등? 진로? 아니면 가족 문제야?"

"종교."

이번에는 준수가 종교라는 짧은 말을 뱉어놓고는 표정이 굳어버렸다.

"종교? 왜 부모님이 이슬람이라도 돼?"

"아니, 기독교."

"아하, 기독교를 믿으라고 강요를 하셨구만."

"그게 아니라 난 사실 어려서부터 교회를 다녔어. 너 모태신앙이라고 들어봤니?"

"그게 뭔데?"

"태어나기 전부터 교회를 다니는 것을 말하는 거야. 부모님이 먼저 교회를 다니신 거지. 어려서부터 나도 교회를 다녔고. 그런데 고등학교 때부터 점점 흥미가 없어지더라고. 교회에서 가르치는 것은 꼭 무슨 호랑이 담배 피던 시절 이야기 같고, 반면에 학교에서는 과학적으로 가르쳐 주고. 그러다 점점 궁금한 것이 많아지고, 그래서 교회 선생들에게 물어봤지. 그런데 아무도 대답을 안 해주고, 나를 문제아 취급을 하는 거야. 그래서 교회를 왔다갔다했지. 그래도 고등학교 때는 부모님이 이해해 주시더니 대학에 들어오니까 강요를 하기 시작하시더라. 나도 마음이 편치는 않았어. 갈등도 많이 되었고, 그러니 술도 많이 먹게 되고. 그러다가 3학년 때 아버지랑 한판 붙었지. 그래서 군대를 간 거야."

"그랬구나. 그때는 그런 내색 전혀 안 했잖아."

"가족 이야기인데 뭐하러 하니?"

"그럼 애인도 그런 내용을 다 알아?"

"잘 알지. 그때 같이 교회를 다니던 후배야. 부모님도 잘 알고. 교회는 싫어도 그 애는 좋은데 어떻게 하냐? 결혼해야지."

"아하, 그래서 종교가 달라도 결혼할 수 있는 거구나."

열 번째 이야기_ 기분 전환

우인은 그 소리를 듣고 기뻤다. 준수 애인이 정상이고, 현주가 비정상이라고 생각했는데, 그것이 아니라고 느껴졌기 때문이다.

"근데 넌 지도교수랑 잘 되고 있니?"

"아, 우리 교수님? 어제가 피크였지."

"피크? 왜 충돌했니? 지도교수랑 그러면 안 되지."

"충돌이라면 충돌이라고 할 수 있지. 학문적 충돌이니까."

"학문적 충돌? 왜 논문의 방향이 서로 다르니? 그러면 지도교수를 바꿔 달라고 해야지."

"그게 아니라 교수님의 학문하는 자세와 나의 자세가 다르다는 것을 확인하는 시간이었다고. 말하자면 길고, 간단히 말하면 거시적 부분과 미시적 부분을 균형 있게 연구하래. 현미경과 망원경을 사용해서."

"그래? 그건 맞는 말 같은데. 왜 너는 다른 생각을 가진 거니?"

"그게 아니라 나는 지금 소립자물리학을 연구하면서 가설을 정하고 자료를 찾고 있는데, 자꾸 지구의 산소가 어떻고, 빙하나 석탄과 석유가 어떻고 하니까 문제지."

"음, 그러시는 데는 나름대로 이유가 있겠지. 그 이유에 대해서 설명은 안 해 주시고?"

"내 논문보다 나에 대해서 더 관심이 있으시대. 논문 쓰고, 박사 학위 받고, 그냥 교수가 되지 말고, 좋은 교수가 되라고 그러시면서 그런 질문을 던지시는 거라고 그러던데."

"내가 듣기엔 그 교수님 좋은 분 같은데? 자기 할 일만 하고 마는 것이 보통 사람들 모습인데 그분은 너의 미래를 위해 그런 질문들을 하고, 설명을 하고, 신경을 써주잖니. 사회생활 하다 보면 그런 사람 찾아보기 어렵다. 다 각자 자기 일만 챙기지, 누구를 이끌어주려고 하지 않아. 그런 교수님 만난 것은 너에게 행운이야. 그냥 고민하지 말고, 교수님이 이끄는 대로 잘 따라가 봐. 그러다 보면 새로운 깨달음이나 영역을 발견할지 누가 아니?"

"선배 말 듣고 보니 그런 것 같긴 하네. 사실 난 어제 머리가 너무 혼란스럽고 복잡했어. 그래서 바람이나 쐬고 싶다고 생각했는데 마침 선배가 전화를 한 거야."

"야, 우리 텔레파시가 통했나 보다."

그때 준수의 핸드폰 진동 소리가 울리기 시작했다.
"웅-, 웅-."
"여보세요? 응, 자기야. 나 지금 주문진 가고 있어."
"응, 잘 다녀와 오빠. 그 후배랑 같이 가는 거야?"
"응, 잠깐 인사해라."
준수는 핸드폰을 우인의 입에다 대고 인사하라고 눈짓을 했다.
"안녕하세요? 정우인이라고 합니다. 반갑습니다."
"저도 반가워요. 오빠랑 잘 다녀오세요."
"예."
준수는 다시 핸드폰을 자기 귀에 갖다 대고 통화를 하면서 미소를 짓기 시작한다.
"응, 자기야, 잘 자고, 내일 보자. 내 꿈 꿔."
평소와는 달리 애교스러운 준수의 모습을 지켜보면서 우인은 전혀 새로운 준수의 모습을 보는 것 같아 좀 웃음이 나왔다. 그러면서 차창 밖을 내다보며 현주의 얼굴을 떠올렸다. 자기 흉을

열 번째 이야기_ 기분 전환

조금 봤다고 미소를 지으며 애교 섞인 말을 하던 현주의 귀여운 표정이 떠올랐다. 우인은 살며시 미소를 지었다.

한참을 달린 차가 주문진항에 도착했다. 방파제에 매여 있는 검게 불에 탄 배가 보였다. 노란 경찰 저지선이 쳐져 있었고, 준수는 신분증을 경찰에게 보여주며 현장으로 들어갔다. 우인은 말 없이 준수가 전해 준 철제가방을 어깨에 메고 뒤따라갔다.

"우리가 현장을 감식하는 방법도 아까 그 교수님 말씀하신 것과 비슷해. 감식 책임자는 현장에 들어가면서부터 지문, 장문, 발자국, 기타 유류물품이 있거나 있을 것으로 생각되는 곳에 표시를 하고, 증거를 수집하기 전에 현장을 대강 관찰하는 거야. 할 수 있는 대로 널리 종합적으로 외곽부터 중심부로 서서히 관찰을 하는 거야. 그러니까 망원경으로 보고 나서 작은 것들을 현미경으로 면밀하게 관찰하는 거지. 특히 모순이나 불합리한 점들을 발견했을 때에 더 자세히 살펴보아야 해."

준수는 그렇게 우인에게 설명을 하고 나서 고도로 집중된 모습으로 현장 전체를 훑어보더니, 조심스럽게 옮겨다니며 분필로 표기를 하기 시작했다. 그리고 우인에게 가방을 넘겨받아서 카메라를 꺼내어 여기저기 찍기 시작했다. 작은 병에다가 불에 타다 만 그을음을 담기도 하고, 배 밑바닥에 떨어진 끈적거리는 액체들을 담기도 하였다. 그렇게 한참 말 없이 작업을 하더니 마침내 준수가 입을 열었다.

"범인을 잡는 것이 어려운 일이 아니더라고. 범인들이 남긴 발자국이나 단서들을 찾아서 한 발 한 발 따라가면 결국 범인 앞에서 멈추게 되는 거야. 과학이 더 발달하면 아마 더 많은 범인들을 잡을 수 있을 거다. 이제 다 됐으니까, 가자."

준수는 서둘러 장비를 챙기고, 이번에는 자기 어깨에 메고 앞장서서 차로 향했다. 그리고 장비를 차에 싣고는 다시 차 문을 닫았다.

"우리 여기까지 왔는데 오징어 회 좀 먹고 가야지. 따라와 봐."

준수는 방파제에 있는 회 센터에 가더니 회를 떠가지고 왔다. 그리고 방파제 위로 걸어 올라갔다. 우인은 말 없이 파도치는 바다를 보며 따라갔다. 준수는 방파제 위에 앉아 떠온 회와 초고추장, 그리고 상추랑 마늘도 펼쳐놓고 말했다.

"여기까지 와서 실내에서 회를 먹는 사람을 보면 나는 이해가 안 간다. 그럴 거라면 서울 회집에서 먹지, 뭐 하러 여기까지 기름값 아깝게 왔다니? 이런 곳에 오면 방파제에서 파도를 맞으며 이렇게 먹어야 제 맛이지."

그리고 오징어를 젓가락으로 집어 초고추장에 찍어서 입에 넣었다. 우인도 준수를 따라 오징어 회를 초고추장에 듬뿍 찍어 입에 넣었다. 초고추장의 맵고, 시큼한 맛이 입안에 맴돌면서 주문진항에 온 것이 비로소 실감이 났다.

"화재 감식은 보험 사기나 범행을 은폐할 목적으로 방화를 하는 경우가 많아서 원인 규명이 중요해. 그래서 일반 경찰들이 우리 국과수에 의뢰하는 거야. 오늘은 배가 작아서 간단하게 끝나니까 이런 호사도 누리지, 안 그러면 춥고 배고프고, 현장 일이 장난 아니다."

"나도 선배 때문에 이런 호사를 누리네. 동해를 보고 싶었는데, 이렇게 파도도 보고, 오징어 회도 먹고, 바닷바람도 실컷 쐬고. 덕분에 고마워."

우인은 모처럼 바깥바람을 쐬는 동물원 원숭이처럼 오징어 회에는 관심이 없고, 이리저리 두리번거리기만 했다. 마치 잊어버리기 전에 눈에 익혀두겠다고 결심한 사람처럼 바위 위에서 낚시하는 낚시꾼이며, 하얀 이를 드러내며 부서지는 파도며, 빨간 등대며, 지나가는 통통배를 열심히 쳐다보았.

돌아오는 차에서 우인은 피곤했는지 잠이 들었다. 그런 우인을 바라보면서 준수는 미소를 지었다. 사실 준수는 일부러 우인을 데려온 것이다. 보나마나 우인은 학교 도서관 아니면 강의실만 다녔을 것이 뻔했기 때문이다. 이런 때에 바람을 좀 쐬게 해주고, 이야기도 하고 싶었다. 많은 친구가 있지만, 우인이와 같이 진지하고 순박한 친구는 없었기 때문에 왠지 우인이랑 이야기하면 자신이 솔직해지는 것을 느꼈다. 그래서 자꾸 만나게 되는 것이다.

"어, 내가 좀 피곤했나 보네. 선배 미안해, 열심히 운전하는데 옆에서 잠만 자고."

"좀 잤니? 아주 곤하게 자서 안 깨웠다."

"요즘 자료 찾느라 밤에 늦게 자게 되네. 자료가 흔치 않은 주제들이라 더 그런가 봐."

"아 참, 근데 아까 말하는 것을 들으니까 그 교수님이 석탄과 석유에 대해서도 뭐라고 했다면서? 뭐라고 했는데?"

"아 그거. 참 신기하더라고. 선배도 한번 알아보면 좋을 것 같아."

"화학재료로 석탄과 석유를 만드는 법 같은 거야?"

"아니, 그게 아니고, 세계 석탄 매장량 분포도를 보니까 국토 면적이 큰 나라 순으로 돼 있는 거야. 미국, 러시아, 중국, 인도, 호주, 남아공, 우크라이나 순서로."

"그게 뭐 신기해? 당연한 이야기지."

"그게 아니라, 선배는 석탄이 어떻게 만들어지는지 알아?"

"그거야 알지. 나무가 땅 속 깊이 파묻혀서 석탄이 되지."

"대충 맞았네. 더 정확히 말하면, 식물질이 물에 젖어서 수십 또는 수백 미터 땅 속에 파묻혀서 지압과 지열을 받을 때에 석탄이 되는 거야."

"그런데 그게 어떻다는 거야?"

"그럼 아까 말한 나라들에 어떤 현상들이 있었다는 거야?"

"어떤 현상? 나무들이 뽑혀서 한 곳에 모이려면 대홍수가 나야 할 것이고, 수십 또는 수백 미터 땅 속으로 파묻히려면 지진이 나야겠지. 그러면 되네."

"그럼 선배 말대로라면 아까 말한 나라들마다 선배가 말한 대홍수와 땅이 수십 또는 수백 미터까지 갈라지는 초강도의 지진이 동시에 일어났다는 이야기인데, 맞지?"

"어, 그렇게 되나? 대홍수와 초강도의 대지진이 아까 말한 나라들에 동시에 일어났어야 한다는 거지? 야, 대단한 일인데. 우리가 알지 못하는 수만 년 전에 그런 일이 있었겠지."

"그런데 놀라운 사실은 그런 석탄 속에서 쇠단지가 나왔다는 거야."

"쇠단지? 그건 말도 안 된다. 어떻게 그런 일이 일어나니? 그럼 철기시대 후에 그런 대홍수와 대지진이 있었다는 말인데, 그런 역사를 들어본 적 있니? 지구 역사상 없잖아."

"그래서 신기하다는 거야. 아까 선배도 현장 감식을 할 때 모순이나 불합리한 점들을 자세히 연구하라고 했잖아. 그러니까 이런 점들을 교수님도 알아보라고 하신 것 같아."

"거참, 신기하네. 철기시대 이후에 전세계적으로 대홍수, 대지진이 일어나 석탄이 만들어졌다. 그런 역사가 왜 기록이 없을까?"

"더 신기한 것이 또 있어."

"더 신기한 것이?"

"그런 대홍수, 대지진 상황에서라면 동물들은 어떻게 됐겠어?"

"동물들도 다 죽었겠지. 그런 상황에서 어떤 동물들이 살겠니? 아마 바닷속에서 사는 물고기들도 다 죽었을 거야. 대지진이 일어났다면 바닷물도 흙탕물로 변했을 테니까."

"그럼 동물들이 강 하류로 다 떠내려가서 어떻게 됐을까?"

"바다로 다 떠내려가지 않았을까?"

"아니지. 보통 비가 오면 쓰레기들이 강 하류로 떠내려가서 어떻게 돼?"

"바닷물과 만나는 지점에서 멈추지. 아하, 그러면 동물들도 바닷물과 만나는 지점까지 떠내려갔다가 거기서 지진이 일어나 땅속에 파묻혔다는 거야?"

"그것이 바로 대륙붕이지. 석유가 다 그런 강 하류 지역에 있는 대륙붕에서 나잖아."

"맞아. 그런데 뭐가 더 신기하다는 거야? 동물들도 죽어서 그렇게 되는 것이 당연한 거지."

"선배는 석유가 어느 나라에 제일 많이 매장된 줄 알아?"

"석유라, 중동지역 같은데. 사우디아라비아 아닐까?"

"잘 알고 있네. 석유 매장량 분포도를 보면 아시아 대륙이 약 400억 배럴, 북미 대륙이 약 500억 배럴, 아프리카 대륙이 약 770억 배럴, 중남미 대륙이 약 980억 배럴, 유럽 대륙이 약 970억 배럴이야. 그런데 중동이 몇 배럴인지 알아?"

"다른 대륙이 그 정도라면, 아무리 중동에 많이 매장되어 있어도, 1-2천억 배럴 정도 아닐까?"

"그럴 것 같지? 근데 자그마치 약 7,000억 배럴이 매장됐다는 거야. 아시아 대륙의 17배, 유럽 대륙의 7배에 달하는 석유가 그 작은 중동지역에 매장된 거지. 신기하지 않아?"

"가만 있어봐라. 동물이 죽어서 지진으로 땅 속 깊이 파묻혀야 석유가 된다고 했잖아. 그러면 다른 대륙보다 그 작은 중동지역에 동물들이 많이 매장되었다는 이야기인데, 왜 그렇게 그 지역에 동물들이 많이 있었을까?"

"선배는 동물들이 그렇게 특정지역에 많이 살 수 있다고 생각해?"

"동물들? 먹이사슬 때문에 그렇게 안 될 텐데. 좀 많은 것은 이해가 가겠는데, 아시아의 17배라는 수치는 면적에 비해서 이상할 정도라고 봐야겠다. 그래서 네가 더 신기하다고 했구나."

"그러니까 내가 교수님의 이야기를 들으면 머리가 복잡해지고 답답해진다니까. 어떻게 박사 학위 논문을 쓰는 것보다 교수님이 내주는 숙제가 더 어려운 것 같다니까."

"야, 나도 사건 단서를 찾는 일보다 이 해답을 찾는 것이 더 어려운 것 같다. 생전 들어본 적이 있어야지. 그 교수님은 이런 문제들에 대해서 어떻게 풀어가려고 이렇게 어려운 숙제를 내주셨다니."

"글쎄 말야, 아무튼 나하고 내기를 했거든."

"내기? 무슨 내기?"

"응, 이 문제들에 대해서 명쾌하게 성경이 해답을 제시하면 내가 교회를 다니고, 그렇지 못할 때는 교수님이 그만 다니기로."

"야, 대단한 사람들이다. 아니, 그런 것을 가지고 그런 내기를 하냐?"

"나도 몰라. 교수님이 먼저 내기를 제안하시더라니까. 처음에는 내가 말리는 것 같아서 꺼려졌는데, 내가 손해볼 것 같지 않더라구. 과학적으로 판단해서 정말 성경이 맞다면 믿어도 될 것 같고, 이 기회에 아니라면 더 이상 신에 대해서 잡념 딱 끊고, 내 길을 가면 그만이니까. 그래서 나도 좋다고 했지 뭐."

"그렇게 말하니까 나도 땡기는데? 그 교수님은 어떤 묘수를 가지고 있길래 내기를 제안했을까? 너 그러다가 말리는 거 아냐? 근데 내가 교회 다닐 때에 본 성경에는 그런 이야기가 없었는데."

"그래? 성경에 산소, 빙하, 석탄과 석유 뭐 그런 이야기는 없어? 난 또 하나님이 태초에 지구를 만드시고, 산소와 빙하도 만드시고, 우리 인간들 써먹으라고 석탄과 석유를 매장해 주셨다고 기록된 줄 알았는데. 혹시 날라리 신자라서 모르는 것 아냐?"

"아냐, 교회학교를 다닐 때 아무도 그런 이야기를 해준 적이 없고, 들어본 적도 없어."

"없으면 좋지 뭐. 내가 유리한 것 아냐? 한번 부딪혀 보는 거지 뭐."

열한 번째 이야기

노력 이상의 것

　비록 짧은 하루였지만, 주문진에 가서 기분 전환을 하고 난 이후 우인은 머리가 한결 시원해지고 맑아졌다. 그리고 교수님의 지도대로 한번 따라가 보기로 마음을 결정했다. 그리고 그렇게 결정하고 나니 어서 빨리 교수님에게 가서 그 답답한 문제들에 대한 해답을 듣고 싶어졌다.

　"똑똑똑."
　"들어와요."
　"교수님, 저 왔습니다."
　"어서 와, 우인 군. 오늘따라 얼굴이 환하고 밝은데 무슨 좋은 일이 있었나 봐?"

"잘 아는 선배랑 동해 바다를 보고 와서 그런가 봅니다. 기분전환 좀 하고 왔습니다."

"좋았겠는데? 그래 그렇게 바람도 쐬고, 여유를 가지는 것이 좋아. 그래야 창의력이 생긴다네. 너무 한 곳만 오래 보면 나중에 착시현상까지 생기는 법이야."

'그래 맞아. 한 곳만 보면 착시현상이 생긴다는 것이 군대에서 사주경계를 할 때 배운 기본상식인데, 내가 너무 논문에만 집착하며 살았지. 그래서 조급했고.'

"저 교수님, 궁금해 죽겠습니다."

"뭐가 말인가?"

"교수님이 내 놓으실 카드요. 산소 문제며, 빙하 그리고 석탄과 석유에 대한 해답이 있으니까 저에게 숙제를 내주신 거잖아요. 어떤 카드를 내놓으실지 궁금합니다."

"하하, 이제야 호기심이 발동하는 모양이군."

"사실 교수님이 왜 그런 질문들을 하시는지 지난번에 그 이유를 말씀해 주시기 전까지는 교수님에 대한 의무감 때문에 관심을 가졌지만, 교수님의 말씀을 듣고 난 후로는 호기심이 더 생겼습니다. 그리고 저를 위해서 그러신다는 말씀을 듣고, 교수님을 더 신뢰하고, 지도하시는 대로 따라야겠다고 생각했습니다."

"우인 군, 잘 생각했네. 이제야 나도 자네를 편하게 생각하고, 재미있고, 즐겁게 함께 작업할 수 있겠네."

"그렇게 말씀해 주셔서 감사합니다. 뭐든 말씀만 하시면 앞으로 열심히 교수님의 지도대로 순종하겠습니다."

"좋아, 그런 자세를 쭉 지켜 나가게. 그럼 좋은 과학자, 좋은 교수가 될 수 있을 거야."

"예, 잘 알겠습니다."

"자, 그럼 먼저 과거의 지구에 대해서 한 번 생각해 볼까? 과거의 지구는 지금의 지구와 무엇이 달랐지?"

"기후가 달랐습니다. 북극도 온대 지역이고, 적도 지역도 온대 지역이었습니다."

"내가 성경의 주장 하나를 가설로 제시할 테니 자네는 객관적인 자세로 그 가설이 맞는지 검증을 한번 해보게나. 자네가 맞다고 하면 맞는 것이고, 틀리다고 하면 틀린 것이라고 해 두지. 난 이 검증 작업에 개입하지 않겠네. 자네가 판단해 보게. 단 누구라도 동의할 수 있는 상식선에서 검증을 해야 하네. 알았지?"

"예, 알겠습니다. 객관적인 입장으로 해보겠습니다. 그런데 굳이 상식선에서 하라고 하시는 특별한 이유가 있습니까?"

"당연히 있지. 자네가 신이라면 자네의 흔적을 어렵게 만들겠나? 아니면 누구나 이해할 수 있게 만들겠나?"

"목적이 사람들에게 자신을 알리기 위한 것이니까 쉽게 이해하도록 만들지 않을까요?"

"바로 그거야. 그래서 대단한 전문용어로 사용한 것들은 대개 자기들도 모르니까 그러는 거라고. 진실은 아주 간단하고 명쾌하지. 쉽게 말해 상식선에서 다 이해된다는 말이야. 자, 첫 번째 가설을 제시하겠네. 여기를 한 번 읽어보게나."

태초에 하나님께서 하늘과 땅을 창조하셨습니다. 그런데 그 땅은 지금처럼 짜임새 있는 모습이 아니었고, 생물 하나 없이 텅 비어 있었습니다. 어둠이 깊은 바다를 덮고 있었고, 하나님의 영은 물 위에서 움직이고 계셨습니다. 그 때에 하나님께서 말씀하셨습니다. "빛이 생겨라!" 그러자 빛이 생겼습니다. 그 빛이 하나님께서 보시기에 좋았습니다. 하나님께서 빛과 어둠을 나누셨습니다. 하나님께서는 빛을 '낮' 이라 부르시고, 어둠을 '밤' 이라 부르셨습니다. 저녁이 지나고 아침이 되니, 이 날이 첫째 날이었습니다(창세기 1:1-5, 쉬운성경).

"태초에 하나님은 하늘과 땅을 만드셨는데, 여기서 말하는 하늘은 우주공간을 말하는 것이고, 땅은 지구의 표면을 말하는 것이라네. 그리고 물과 빛을 만드셨는데, 이 빛은 암흑과 같이 어두운 우주를 밝히는 빛의 근원을 말하는 것으로 보이네. 종합적으로 말하면 하나님의 창조는 두 단계로 이루어졌네. 1단계는 무(無)에서의 창조이고, 2단계는 유(有)에서의 창조지. 우주공간이나 땅, 물, 빛은 1단계 창조물이라네. 아무것도 없는 무에서 새로운 것을 만드신 것이지. 그리고 생물체들은 2단계 방식으로 창조하셨다네. 이 구절을 읽어보게나."

하나님께서 말씀하셨습니다. "땅은 풀과 씨를 맺는 식물과 씨가 든 열매를 맺는 온갖 과일나무를 내어라" 하시니, 그대로 되었습니다. 이렇게 땅은 풀과 씨를 맺는 식물과 씨가 든 열매를 맺는 과일나무를 각기 종류대로 내었습니다. 하나님께서 보시기에 좋았습니다. 저녁이 지나고, 아침이 왔습니다. 이 날이 셋째 날이었습니다(창세기 1:11-13, 쉬운성경).

"하나님은 식물들이 땅에서 나오도록 창조하셨다네. 식물들이 땅에서 저절로 나온 것이 아니라 하나님의 명령으로 나온 것이기 때문에 이것도 역시 하나님의 창조라네. 이것이 바로 2단계인 유(有)에서의 창조지. 또 이 구절을 읽어보게나."

하나님께서 말씀하셨습니다. "물은 움직이는 생물을 많이 내어라. 새들은 땅 위의 하늘을 날아다녀라." 하나님께서 커다란 바다 짐승과 물에서 움직이는 생물과 날개 달린 새를 그 종류에 따라 창조하셨습니다. 하나님께서 보시기에 좋았습니다. 하나님께서 그것들에게 복을 주시며 말씀하셨습니다. "새끼를 많이 낳고, 번성하여 바닷물을 가득 채워라. 새들도 땅 위에서 번성하여라." 저녁이 지나고 아침이 되니, 이 날이 다섯째 날이었습니다. 하나님께서 말씀하셨습니다. "땅은 온갖 생물을 내어라. 가축과 기어다니는 것과 들짐승을 각기 그 종류에 따라 내어라." 그러자 하나님께서 말씀하신 대로 되었습니다. 하나님께서 온갖 들짐승과 가축과 땅 위에서 기어다니는 생물을 각기 그 종류대로 만드셨습니다. 하나님께서 보시기에 좋았습니다"(창세기 1:20-25, 쉬운성경).

"움직이는 생물, 즉 동물들은 물과 땅에서 종류대로 나오라고 명령하시자 창조가 되었다네. 이것도 역시 2단계인 유(有)에서의 창조지. 사실 빅뱅이론이나 진화론은 2단계인 유(有)에서의 창조를 설명하려고 시도된 가설들 중에 하나일세. 빅뱅이론의 핵심은 팽창이네. 지금 우주가 계속해서 팽창하고 있다는 사실로부터 빅뱅이론은 탄생한 거야. 팽창하고 있다면 그 시작은 아주 작은 점에서 시작했을 것이라는 상상력에서 나온 가설이지. 그러나 대폭발이 되려면 폭발의 요소들이 먼저 있어야 하지 않는가? 그러나 빅뱅이론은 고도로 응축된 작은 점에서 폭발을 했다고 말하지만, 그 작은 점은 어디에서 나왔는지는 설명하지 못하고 있다네. 그리고 진화론도 물에서 단세포 생물이 나와서 진화했다고 말은 하지만, 그 물은 어디서 나왔는지 설명하지 못한다네. 신이 아니고는 1단계 무(無)에서의 창조를 설명하지 못하기 때문이지. 그래서 그냥 가설로 남아 있는 것이라네. 완전한 설명을 주지 못하는 것은 영원히 가설일 뿐이지. 한편으로는 맞는 것 같은데, 또 한편으로는 설명을 못하는 절름발이 가설이라고 할 수 있지."

우인은 여기까지 설명을 들으면서 한 마디도 할 수 없었다. 왜냐하면 교수님이 너무 확신 있게 설명을 하고, 자신이 생각해도 그 설명이 맞는 것처럼 느껴졌기 때문이다. 특히 창조의 두 단계가 있다는 설명은 자신도 평소에 가지고 있던 빅뱅이론의 한계와 진화론의 한계를 잘 설명해 주는 것 같아서 충분히 공감이 갔다.

'맞아. 일단 뭐든지 처음에는 아무것도 없는 무에서 새로운 것이 나와야 하지.'

"자, 그럼 이제 과거의 지구를 가능하게 만든 원인이 무엇인지를 한 번 볼까? 자네의 표현대로 하면 지구의 온도 편차를 막아주는 장치라고 했던가? 그 장치에 대해 성경은 뭐라고 말하는지 이 구절을 한 번 읽어보게나."

하나님께서 또 말씀하셨습니다. "물 한가운데 둥근 공간이 생겨 물을 둘로 나누어라." 하나님께서 둥근 공간을 만드시고, 그 공간 아래의 물과 공간 위의 물을 나누시니 그대로 되었습니다. 하나님께서 그 공간을 '하늘'이라 부르셨습니다. 저녁이 지나고 아침이 되니, 이 날이 둘째 날이었습니다(창세기 1:6-8, 쉬운성경).

"이 말씀은 무엇을 말하는 것 같은가?"
"하늘 밑에 물이 있고, 하늘 위에도 물이 있게 했다고 말하는 것 같은데요?"
"맞아, 하나님이 만드신 초창기 지구에는 하늘 밑에는 바다가 있었고, 하늘 위에도 지구를 감싸는 물층(water zone)이 있었다네. 지금은 공기로 구성된 대기권만 있지만, 과거의 지구는 물층이 있었다는 것이 첫 번째 가설이네."
"근데 정말 그것이 가능할까요?"
"이 물층은 모든 행성들에서 나타날 수 있는 자연적인 현상이라기보다는 다른 행성과 달리 지구를 생명체가 사는 행성으로 만드시려는 하나님의 의도적이고 특별한 계획이라고 봐야 하네. 그렇기 때문에 이 가설이 가능하냐 가능하지 않느냐를 연구하는 것은 우리가 할 일이 아니라네. 우리는 다만 이 가설이 검증되는지만 보면 돼. 우리가 이해하기 어려운 단서나 상황들을 이 가설이 설명한다면 사실로 받아들이고, 설명하지 못하면 그땐 무시하면 되는 거지."
우인은 가설대로 상상을 해보려고 잠시 고개를 들어 창문 밖의 하늘을 보았다.

'지구의 하늘 위에 대기권이 아니라 물층이 있었다?'

"이게 오늘의 숙제라네. 자네는 하늘 위에 물층이 지구를 감싸고 있었다는 이 가설을 근거로 해서, 지금까지 발견된 단서들을 해석해 와야 하네. 이해하지? 아마 물층은 수증기 형태가 아니라 물방울처럼 선명하게 물의 형태를 띠고 있었을 것이라고 보네. 그러니까 지구라는 행성은 거대한 물방울 속에 있었던 것이라고 보면 되지."

"교수님, 근데 정말 그게 가능할까요?"

우인이 하도 믿기 힘들어 하자 박 교수는 파란 파일에서 사진 한 장을 꺼내 보여 준다.

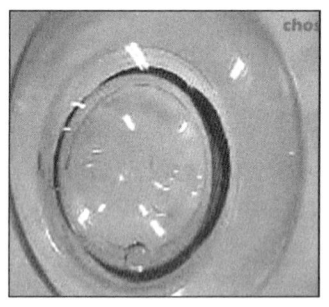

"그렇게 믿어지지 않는가? 자 이 사진을 보게. 이 사진은 우주 정거장에서 물방울 실험을 한 사진이라네. 지구에서는 그릇에 물을 담으면 그냥 물 형태로 있지만, 우주에서는 커다란 공 모양으로 변한다네. 중력이 없기 때문에 물의 응집력이 지구보다 더 커

져서 물은 마치 젤리처럼 서로를 강하게 끌어당겨 이 사진처럼 커다란 물방울이 가능하다네. 지구에서는 이렇게 커다란 물방울이 불가능하지. 자네는 이 실험을 통해 무엇을 알 수 있다고 생각하는가?"

"우주 공간에서의 물방울의 응집력은 생각보다 상당히 큰데요? 지구하고는 전혀 다른 것 같습니다."

"그래. 지구를 감싸고 있던 물층이 바로 이런 원리 때문에 가능했을 것이라는 것이 내 생각이라네. 큰 물방울 속에 지구가 있었던 셈이지. 이해하겠나?"

"예, 이론적으로는 가능성이 있다고 느껴집니다. 그럼 일단 가설대로 연구해 보겠습니다."

우인은 생각 외로 너무나 황당한 가설에 대해서 조금은 어이없었지만, 교수님과 약속한 것이기에 한번 연구해 보기로 마음을 고쳐먹었다.

지하철역으로 걸어가는 내내 우인은 가설로 그림을 그리려고 무던히 애를 썼다.

'지구에 대기권이 아니라 물층이 있었다면 어떤 현상이 일어났을까?'

그때 주머니 속에서 핸드폰이 진동을 했다. 꺼내서 보니 준수 선배였다.

"어, 선배."

"너 교수님 만났냐?"

"응, 지금 만나고 오는 길이야. 근데 왜?"

"왜는 왜야? 궁금해서 그렇지. 뭐라고 말씀하시든?"

"하하, 나보다 더 궁금해하네? 왜 이러실까?"

"왜 그러기는? 신기하니까 그렇지."

사실 준수도 교회를 다니고 있지는 않지만, 부모님과 종교에 대해 갈등이 생기면서부터 늘 해답을 찾고 싶었다. '하나님이 있느냐 없느냐'에 대한 분명한 해답을 가지고 있지 못하니까 확신 있게 자신의 의견을 부모님께 말씀드리지 못하고, '그냥 교회 가기 싫다'고 대답할 수밖에 없었다. 그리고 그렇게 대답하니까 부모님의 입장에서는 반항하는 것으로밖에 볼 수 없었고, 계속해서 불편한 관계가 되었던 것이다. 신기하니까 궁금해한다고 말은 했지만, 사실은 준수도 분명하게 확인하고 싶었다. 과연 하나님이 존재하는가를 과학적으로 증명할 수 있는지. 그래서 분명한 결론을 내리고, 부모님들에게도 확신 있게 자신의 의사를 표현하고 싶은 마음이었다.

"교수님의 가설이 뭔지 알아? 과거의 지구에는 대기권이 아니라 물층이 지구를 온통 감싸고 있었대. 그러면서 이 가설이 단서들과 맞아 떨어지는지 연구해 오래. 근데 너무 간단하지 않아? 가설이라면 과학적인 이론을 섞은 설명이 좀 있어야 하잖아. 근데 너무 간단해."

"네 말대로 너무 간단하기는 하지만, 한번 생각은 해봐야겠다."

"그래 그럼. 선배도 생각해 보고, 내일 나하고 다시 얘기해 보면 어때?"

"그래, 그렇게 하자. 내일 전화하마."

우인은 준수의 말을 듣고 든든했다. 누군가와 함께 연구하고,

함께 결론을 내리고, 함께 마음을 정한다는 것은 즐거운 일이다. 지금까지는 모든 것들을 혼자 생각하고, 혼자 결론을 내리고, 혼자 실행해 왔는데, 이제는 박 교수도 있고 준수 선배도 있다. 갑자기 우인은 자신이 부자가 된 듯한 느낌을 받았다.

"어, 이게 누구야? 우인이 아니야?"

누가 자기를 부르나 하면서 뒤돌아본 우인은 깜짝 놀랐다.

"지훈이, 지훈이 맞지? 반갑다. 이게 얼마만이냐?"

"응, 정확히 10년 10개월째지."

"뭐라고? 어떻게 그렇게 정확히 날짜 계산이 되니?"

"우리 2학년 6월에 보고 못 봤잖니. 그러니까 딱 10년 10개월째지."

"역시 넌 그때나 지금이나 스마트 하구나."

"스마트 해서가 아니라 사실 난 너를 한 번도 잊은 적이 없어. 그때 몇 번이지만, 우리 교회에 같이 갔었잖니? 그때 무척 기뻤었는데. 사실 내가 우리 교회로 누구를 초대한 것은 네가 처음이었거든. 그래서 늘 네가 기억나더라."

"사실은 나도 며칠 전에 네 생각이 났었는데."

"그래? 고맙다. 너도 내 생각을 하고 있었다니. 참, 너는 요즘 뭐하니?"

"응, 난 지금도 학교 다녀. 박사 과정 마치고, 지금 논문을 쓰고 있어."

"그래. 넌 학자가 될 줄 알았어. 그때도 과학적인 사고를 하려고 애를 썼지. 그래서 교회 다니기가 힘들었지만. 아무튼 반갑다. 논문 잘 쓰고, 박사도 되고, 교수도 되면 좋겠다. 잘 될 거야. 난

열한 번째 이야기_ 노력 이상의 것

지금까지 네가 생각날 때면 잘 되도록 기도하고 있다."

우인은 지훈의 칭찬과 격려 그리고 기도하고 있다는 말을 들으니 기분이 좋았다. 그리고 뭔가 지훈에게서 좋은 에너지가 자신에게 전달되는 느낌을 받았다.

"지훈이 너는 뭐하니? 회사 다니니?"

"응, 회사에 다니고 있어. 내 명함이다."

지훈이 건네주는 명함을 받고 우인은 회사부터 먼저 보았다.

"F & S? 무슨 회사야?"

" 'Finance & Science' 라는 금융회사야. 증권 업무와 관련된 벤처기업이지."

"금융회사? 아니 물리학과 출신이 왜 금융회사에 들어갔니?"

"하하, 그렇게 됐다. 나도 처음에는 금융이나 증권 업무가 물리학과 전혀 상관없는 줄 알았는데 아니더라고. 미국에서는 이미 1980년대부터 월 가(Wall Street)에 나사(NASA) 출신 물리학자들이 많이 진출해 있어. 왜냐하면 랜덤(random)인 줄 알았던 주식시장에서 법칙을 발견하게 된 거야. 그래서 많은 물리학자들이 증권회사에 들어가서 투자거래에 따른 위험성을 평가하고 이익을 극대화할 수 있는 거래방식을 찾는 일을 하게 된 거야. 우리나라도 2000년도에 들어서면서 이런 움직임이 많이 생겨났어. 그래서 비밀리에 물리학과 출신들이 증권가에서 애널리스트나 다른 업무들을 보고 있지. 나도 그런 일을 하다가 지금 회사로 스카웃 돼서 옮긴 거야."

"부장이네? 너무 빠른 거 아냐?"

"다른 사람들에 비하면 좀 빠르긴 한데, 금융계에서는 흔히 있는 일이야. 왜냐하면 큰 수익을 올리는 방식이 기존 기업들과 좀 다르잖아. 약간의 노력과 더 많은 영감이 필요한 일이기 때문에 경험이 많다고 되는 것은 아니거든. 그래서 젊은 기업가도 많고, 임원들도 많아."

"약간의 노력과 더 많은 영감? 영감이 필요해?"

"물론 여러 가지 정보를 신중하게 검토하고, 연구하는 노력이 절대적으로 필요하지. 그런 노력 없이 오르고 내리는 변동시세에만 의존해서 주식투자를 하는 사람들은 백이면 백 다 실패하지. 다른 사람의 카드는 못 보면서 배팅하는 것만 보고 같이 배팅하는 바보 같은 짓이지. 주식을 할 때도 다른 사람이 무엇을 가지고 있는지 연구하는 노력이 절대적으로 필요해. 그런데 그런 노력이 전부는 아냐. 주식하다 보면 수치와 숫자로 다 나와 있지만 확신이 안 드는 경우가 너무 많아. 사람들의 심리 게임이기 때문이지. 그럴 때는 영감이 필요해. 아니, 노력보다 영감이 결정적인 순간에는 더 중요한 요소가 되지."

"그렇구나. 그러면 결국 네가 일찍 승진하는 경우도 노력보다는 영감이 출중해서겠네. 이건 농담인데 혹시 하나님께 기도하면 영감을 주시니?"

우인은 궁금하기보다는 교회 다니는 것이 얼마나 지훈의 일에 도움이 되는지 농담삼아 해본 말이었다. 그러나 그 말에 전혀 흔들림 없이 지훈은 진지하게 대답했다.

"가장 큰 도움을 얻었지. 난 지금 이 일을 하면서 새벽마다 더 많이 기도하고, 더 많이 성경을 보고 있어. 왜냐하면 영감이 중요하기 때문이지."

의외로 지훈이 확신 있게 말하는 바람에 우인은 무안할 뻔했다. 그만큼 지훈은 옛날이나 지금이나 자신감 있고, 확신에 차 있는 당당한 모습이었다. 우인은 그런 지훈을 부러운 눈으로 바라보고 있었다. 그런 당당함, 자신감, 확신이 부러웠다.

"넌 옛날이나 지금이나, 아니 오히려 지금이 더 당당하고 멋져 보인다. 결혼은 했니?"

"응, 2년 됐어. 예쁜 딸도 하나 있고, 아내는 간호사야."

"보기 좋다. 일도 잘 되고, 가정도 잘 되고. 어떻게 만났어?"

"아내는 교회에서 만났어. 그러다 보니까 서로에 대해서 신뢰하고, 집안까지 속속들이 잘 알고 만나서 결혼하니까 서로 싸울 일도 별로 없고, 그래서 아주 행복해. 중요한 일이 있을 때는 교회 식구들이 나를 위해 기도도 해주지. 그러니까 일도 잘 되는 것 같고. 너도 교회를 다니면 더 좋을 텐데. 근데 넌 결혼했니?"

"아니, 아직 못했어. 공부하다 보니까 연애도 못하겠더라."

"그랬구나. 나 이번 역에서 내려야 하니까 다음에 연락해서 저녁이나 같이 하자. 오늘 반가웠다. 꼭 전화해라. 알았지?"

"그래, 꼭 만나자. 잘 가."

손을 흔들고 내리는 지훈을 바라보는 우인의 마음은 이상하게 공허했다. 지훈의 행복한 모습을 보기 전에는 자신이 그렇게 공허한 인생을 살고 있는지 몰랐다. 그러나 지훈의 거의 완벽에 가까운 생활을 보면서 인생을 어떻게 살아야 하는지 다시 생각해 봐야겠다는 생각이 처음 들었다.

'내가 이대로 박사 학위를 받고, 교수가 되면 나도 저렇게 행복감을 느낄 수 있을까?'

아무리 생각해 봐도 우인은 그런 행복감을 느낄 것이라는 확신이 서지 않았다.

'대체 뭘까? 지훈에게서 느껴지는 좋은 에너지의 정체는 뭐고, 행복감의 정체는 뭘까? 나하고 뭐가 다른 것일까? 직업일까? 아니면 결혼일까? 대체 뭘까?'

열두 번째 이야기

첫 번째 가설

우인은 저녁을 먹고 컴퓨터 앞에 앉았다. 학교 전자도서관에 들어가서 물층에 관한 논문이나 책이 있는지 찾아보기 위해서였다. 그러나 아무리 검색을 해 봐도 과거의 지구에 대해서는 자료가 나오지 않았다. 더군다나 대기권에 대한 자료를 찾아봐도 물층이 있었다거나 그에 관해 조금이나마 언급된 자료들은 찾을 수 없었다.

'일단 기존의 자료는 없고, 이제 남은 것은 가설을 그려보고, 추론하는 것만 남았군.'

우인은 가설대로 그림을 그리기 위해 A4 한 장을 꺼내서 책상 위에 옆으로 놓았다. 그리고 왼쪽엔 크게 태양의 반쪽 면을 그렸다. 그리고 오른쪽엔 지구를 작게 그려 넣었다. 그리고 현재 지구의 구조적인 조건을 이해하기 위해 먼저 그에 관한 자료를 찾아서 기록을 했다.

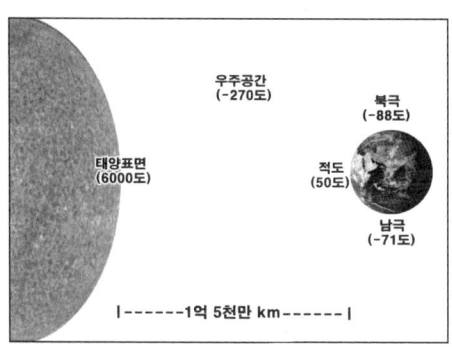

'태양과 지구와의 거리는 1억5천만km고, 태양의 표면 온도는 약 6,000도 이상, 우주공간의 온도는 -270도, 지구는 시속 약 1,660km의 속도로 자전을 하고 있지. 그리고 북극의 평균 온도는 -88도, 남극은 -71도, 적도는 50도.'

우인은 그렇게 기록해 놓고, 그림을 보면서 태양열이 지구에 미치는 영향을 추론하기 시작했다.

'적도와 북극이나 남극의 온도 차이가 거의 120도 정도군. 그러면 이런 온도 편차의 원인은 무엇일까? 그림으로 볼 때 태양열의 각도인 것 같은데. 빛에너지는 직선 운동을 하니까 아무래도 태양의 빛이 직접 비치는 지역은 태양열을 더 많이 받을 것이고, 그래서 적도의 온도가 높은 것은 당연한 것이지. 상대적으로 북극과 남극지역은 적도보다 태양의 빛이 적게 비치는 지역이니까 태양열을 적게 받겠지. 그래서 온도가 영하 70-80도 정도인 것이고. 아무리 봐도 이런 결과는 상식적으로 당연한 결과인데.'

우인은 순전히 자신의 생각만으로도 현재 지구의 모습들이 충분히 설명이 되는 것에 대해 당연하게 느꼈다.

'자, 그럼 이제 과거의 지구에 대해 밝혀내 볼까? 어째서 빙하 밑에서 온대식물이 나오고, 사하라 사막에서 숲과 강의 흔적이 있는 것일까? 정말 현재의 지구를 놓고 보면 이해할 수 없단 말야. 준수 선배 말대로 지구의 온도 편차를 줄여주는 장치가 정말 따로 있었던 것일까? 그럼 교수님이 제시한 가설을 이 그림에 대비해 볼까.'

그리고 우인은 지구의 둘레에 물층을 그려 넣었다.

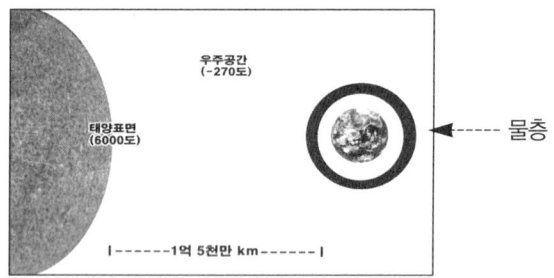

'물층이 있다면 어떻게 될까? 태양빛이 지구를 향해 가다가 물층에 비치면 빛은 굴절되겠지. 그러면 적도 지역에 지금처럼 높은 열은 그대로 전달이 되지 않았을 것이고. 그럼 적도 지역의 기후는? 지금의 뜨거운 열대 지역이 아니라 온화한 온대 지역이었겠지. 사하라 사막은 물론 없었을 것이고. 그럼 사하라 사막 밑에

서 발견되는 숲과 강의 흔적은 충분히 해석되는데.'

우인은 이해가 가지 않았던 단서들이 너무나도 쉽게 해석되는 것이 신기했다.

'그럼 북극과 남극의 빙하에 대한 단서들은 어떨까? 태양열이 물층에 비쳤다. 그러면 물층이 가열이 되겠지. 물이니까 공기보다는 태양열을 더 많이 흡수하고, 보온 유지도 하고, 열전도율이 높으니까 다른 지역의 물층에 열을 전달했겠지. 그러면 태양열이 가장 많이 비치는 적도 지역의 물층은 태양열을 흡수해서 점점 남반구와 북반구의 물층으로 그 열을 전달할 것이고, 마침내 북극과 남극의 물층도 뜨겁게 데워질 것이고, 그 물층은 그 지역의 대기를 따뜻하게 가열해서 결국 남극과 북극의 대기는 지금의 온도보다 더 높은 상태였겠군. 그러면 그 지역의 기후도 역시 적도와 같은 온화한 온대지역이 될 수도 있었겠군. 그럼 그 지역에서는 풀과 솔방울도 자라고, 그런 것들을 먹는 초식동물도 있었을 것이고. 그럼 이 물층을 준수 선배가 말한 '지구의 온도 편차를 막아주는 장치'로 볼 수도 있겠는데? 그렇다면, 둘레 전체에 따뜻한 물로 된 보일러를 깔아 놓은 온실 같은 지구, 그래서 온도 편차가 거의 없는 온실 같은 지구가 가능하겠는 걸.'

이번에도 북극의 빙하 밑에서 왜 풀과 솔방울이 발견되고, 초식동물인 맘모스가 발견되는지 아주 쉽게 설명이 되는 것에 우인은 적잖이 놀랐다. 성경의 가설대로라면 단서는 매우 당연한 결과였다.

'그러면 이런 지구가 오늘날처럼 물층이 사라지고 대기권으로만 형성된다면 어떻게 될까? 온실효과는 사라지고, 태양의 직사

광선은 적도지역의 기온을 상승시켜서 뜨겁고 건조한 사막지역으로 만들겠지. 그리고 남극과 북극지역은 공기층이 태양열을 오랫동안 보온 유지를 하지 못하니까 금방 식어버리겠지. 그러면 대기도 그만큼 차가워질 것이고. 그러면 오늘날처럼 남극과 북극지역은 영하의 지역이 되겠지. 설명이 마치 퍼즐처럼 착착 들어맞는 것이 너무 신기한데? 그렇다면 이 물층은 왜 사라지고, 어디로 갔을까? 빙하는 어떻게 생겼을까?

우인은 지구의 과거의 모습이 이 가설로 충분히 검증된다고 생각되었지만, 현재의 지구의 모습으로 전환되는 이유에 대해서는 알 수가 없었다. 그래서 더 궁금해졌다.

그때 전화가 울렸다. 준수의 전화였다.

"어, 선배. 그 가설 검토 좀 해봤어?"

"응, 지금 막 검토해 봤는데, 물층이라……. 놀라운데? 네가 말한 그 빙하 밑에서 발견되는 풀과 솔방울 그리고 맘모스의 단서가 충분히 설명이 되겠어. 그리고 사하라 사막 밑에서 강과 수풀의 증거가 발견되는 단서도 충분히 설명이 되는 가설 같다. 그리고 산소 발생도 충분히 설명이 돼."

"산소 발생까지? 나는 거기까진 모르겠던데."

"너 물리학 박사가 되려는 사람 맞아? 나 같은 사람도 금방 알겠던데."

우인은 준수의 핀잔보다도 어떻게 산소 발생이 설명되는지 그것이 무척 궁금해졌다.

"그럼 설명해 봐. 어디서 그런 설명이 나올 수 있다는 거지?"

"너 요즘 오존층이 파괴되는 것 알지?"

"알지. 냉장고 같은 데서 사용하는 프레온 가스가 증발해서 오존층을 파괴한다고 들었는데. 그리고 태양의 강력한 자외선도 오존층을 파괴하고. 그런데 그게 왜?"

"너 산소원자가 결합력이 강한 것은 알고 있지?"

"당연히 알지. 그러니까 산소원자를 분해하기 위해 엄청난 열을 가하잖아."

"그럼 오존, 즉 O_3에서 산소원자를 분리해 내는 일은 얼마나 어렵겠니? 근데 그것을 태양열이 한다는 거 아냐. 물론 프레온 가스가 화학 반응을 일으킨다고 하지만, 강력한 태양열도 그 일을 한다는 거지. 이제 감이 오니?"

"그게 뭐 어때서. 그것하고 산소가 무슨 상관인데?"

"그럼 수준을 낮춰서 설명하지. 물의 분자식이 어떻게 되니?"

"왜 사람 우습게 만들고 그래. H_2O. 그게 어쨌다고?"

"아직도 모르겠니? 오존까지 파괴할 정도로 강력한 태양열이 지구를 감싸고 있는 물층을 비치면 그 물, 즉 H_2O가 어떻게 될까?"

"뜨겁게 데워지지. 그러니까 북극과 남극의 기후도 온대지역이 될 수 있는 거고. 지금 그 얘기 하려고 그러잖아."

"답답하네. 뜨겁게 데우기만 하는 것이 아니라 오존을 파괴할 정도의 강력한 열에너지라면 H_2O의 구조를 어떻게 하겠니?"

순간 우인은 멍해졌다. 자신이 얼마나 단순하고, 꽉 막혔는지 깨달은 것이다.

"파괴했겠군. 그러면 수소원자(H)와 산소원자(O)가 분해되고, 결합력이 강한 산소원자들은 서로서로 결합해서 산소분자(O_2)를 만들고."

'그래, 물층을 가열한 태양열은 온도에만 영향을 미친 것이 아니라 산소를 만들어내는 역할까지 한 것이었구나. 오존(O_3)까지 파괴할 정도의 강력한 태양열이라면 충분히 가능하지. 우주 행성들 중에서 지구에만 유독 산소가 이렇게 많이 존재하는 이유가 여기 있었구나. 맞아. 물을 전기분해 할 때 산소가 제일 많이 발생하지.'

우인은 부끄러워졌다. 물리학 박사가 되려고 논문을 쓴다는 사람이 겨우 학부 과정을 마친 사람보다도 머리가 우둔하다고 느끼니 부끄러울 수밖에 없었다. 그러면서도 한편으로는 준수가 대단하게 보였다.

"와, 선배 대단한데? 어떻게 거기까지 생각하게 됐어?"

"뭐 그런 것을 가지고. 우리는 맨날 하는 일이 그런 일이잖니. 범인의 입장에서 생각하려고 모든 단서들을 다양한 각도에서 생각하고, 뒤집어서 생각하는 게 습관이 된 거야."

"그랬구나. 내가 선배한테 많이 배워야겠네. 그럼 내가 정리한 번 해볼게. '물층이 감싸고 있는 지구에 강력한 태양열이 비치면서 H_2O를 파괴해서 산소원자들을 분리해 내고, 그 산소원자들은 서로 결합하여 산소분자가 되고, 그 산소분자들은 공기보다 조금 무거우니까 지구 대기 중으로 내려와서 지구에 산소가 그렇게 많이 존재하게 된 것이다. 그리고 뜨겁게 데워진 물층은 점점 더 열이 확장되고, 전달되어서 남극과 북극을 덮은 물층까지도 뜨겁게 데우고, 그 물층은 그 지역의 대기 온도를 높여서 그 지역도 온대지역이 되었다. 그래서 빙하 밑에서 풀과 솔방울 그리고 맘모스와 같은 초식동물이 발견될 수 있었던 것이다.' 이렇게 정리하면 될까?"

"그러면 될 것 같다. 처음에는 너무 간단한 가설이라서 시시하게 알았는데, 그림으로 그려서 하나하나 추론해 보니까 단서들이 아주 쉽게 설명이 되더라. 정말 신기하던데?"

"나도 그랬어. 그런데 그렇게 간단하게 설명이 되니까 더 궁금해지더라고. 그런 물층이 왜 지금의 지구에는 없을까, 그리고 그 물층은 어디로 사라졌을까. 뭐 이런 궁금증 말야."

"나도 그러더라. 교수님에게 가서 그것을 물어봐. 왜 사라졌고, 어디로 갔냐고."

"알았어. 그런데 교회를 다녔다면서 이런 내용이 성경에 있는지를 몰랐단 말야?"

"그걸 어떻게 알아? 알려주는 사람도 없는데."

"순 날라리 신자였으니까 모르는 거겠지."

"그게 아니라니까. 근데 너희 교수님은 어떻게 이런 것을 알았다니?"

"나도 자세히는 몰라. 미국 나사(NASA)에 계실 때 크리스천 과학자들에게 영향을 받았나 봐. 거기 과학자들은 하나님 같은 신을 안 믿을 줄 알았는데, 교수님 얘기를 들으니까 수백 명씩 모여서 기도하고 막 그런데. 그 사람들에게서 배웠겠지."

"그렇겠지. 아니면 벌써 내가 들었겠지. 아무튼 다음 가설도 들으면 알려줘. 알았지?"

"너무 관심을 갖는다. 왜 이렇게 이 문제에 대해 관심이 많아?"

"사실은 나한테도 중요한 문제거든."

"왜 부모님하고 종교논쟁이라도 하려고? 하하, 알았어. 선배도 이번 기회에 확실히 매듭을 지어 봐."

"그래, 또 연락하자."

우인은 전화를 끊고, 준수와 더 가까워진 것을 느꼈다. 항상 여유 있고 매너 있는 모습이 보기 좋았는데, 속으로는 부모와의 그런 갈등이 있었다니 안쓰러운 생각이 들면서, 준수를 더 좋아하게 되었다.

열세 번째 이야기

두 번째 가설

우인은 과거의 지구의 모습을 발견했다는 사실이 뿌듯했다. 그래서 박 교수를 만나러 가는 발걸음이 그 어느 때보다 한결 가벼웠다. 지하철 안에서도 우인의 생각은 온통 박 교수에게 설명할 내용을 정리하느라 바빴다.

"똑똑똑."

노크를 했지만 아무 소리가 들리지 않았다. 그래서 안내판을 보니까 분명히 '재실'에 표시돼 있었다. 그전 같았으면 한 번 더 노크를 했겠지만, 우인은 가만히 서서 기다렸다. 약 3분 정도 지난 후에 안에서 박 교수의 목소리가 들렸다.

"들어와요."

"교수님, 안녕하셨어요?"

"내가 대답이 늦었지? 미안해."

"괜찮습니다. 또 기도하시는 줄 알고 좀 기다렸습니다."

자신을 배려하고 조용히 기다려준 우인에게 박 교수는 미소를 지었다. 그 미소는 전에 보였던 어린아이를 바라보는 할아버지의 미소가 아니라 성장해 가는 아이를 대견스럽게 바라보는 아버지의 미소와 가까운 것이었다.

"고맙네. 이제 내 기도시간까지 배려해 주다니. 자네는 역시 바탕이 좋아."

"과찬의 말씀이십니다."

"그래 가설에 대해서 연구 좀 해 봤나?"

"예. 사실 처음에는 너무 간단한 가설이라 좀 시시하게 보였는데, 그림을 그리면서 하나씩 생각해 보니까 처음에 보여 주신 단서들이 설명이 되던데요? 그리고 산소 발생까지도 충분히 이해가 되었습니다. 정말 신기했습니다. 마치 아무리 해도 열리지 않던 문이 작은 열쇠 하나로 쉽게 열리는 듯한 느낌이 들었습니다."

"하하, 그랬어? 정말 잘했네. 그런데 내가 분명히 상식선에서 설명이 되게 해석하라고 했는데, 그렇게 설명이 되던가?"

"예. 지금까지 보통 사람들이 알 만한 상식으로만 생각해 보려고 했습니다. 그런데 정말 쉽게 설명이 되던데요?"

"다행이군. 그래야 다른 사람들에게도 쉽게 설명할 수 있지. 쉽게 설명하지 못하는 것은 아직 충분히 이해하지 못했다는 뜻이야. 모든 이치는 서로 통한다네. 자연의 기본 법칙만 알면 나머지는 그 법칙의 응용이고, 연장일 뿐이야. 그런데 억지를 부리는 사람들이 많아. 기본 법칙과 상관없는 주장을 하려고 하다 보니까 자꾸 엉뚱한 가설들을 내세우게 되는 거지. 그런 사람들의 주장을 가만히 보면, 서로 연결이 안 돼. 산소 문제 따로, 빙하 문제 따로. 한 문제를 설명할 때마다 새로운 가설과 주장을 만들어 낸다니까. 그러니까 가설들이 너무 많은 거야."

"사실 그 동안 저도 각각의 이론들을 공부하면서 서로 연결이 안 된다는 것을 많이 느꼈는데, 이번에 그 가설이 산소 문제와 북극과 남극의 기후 문제와 서로 연결된다는 것을 알고 좀 신기했습니다."

"자네 풍선 효과라고 들어봤나?"

"예, 풍선 한 쪽을 누르면 다른 곳으로 누른 곳만큼 튀어나오는 현상을 말하는 것으로 알고 있습니다."

"맞아. 한 문제를 해결할 때는 반드시 다른 문제들과 연관이 된다는 거야. 이 지구를 하나의 풍선처럼 생각하면 이해가 쉽게 될 것이네. 지구를 움직이는 법칙은 어느 한 지역에만 영향을 미치는 것이 아니야. 전 지구가 다 연결이 되어 있다네. 그러니까 하나의 문제를 해결하기 위해서는 여러 문제들이 서로 연결된 것을 이해하고, 그런 것들을 포괄적으로 생각하는 사고 습관을 길러야 해. 그러니까 자네는 앞으로 항상 그런 자세로 연구하기 바라네."

"잘 알겠습니다. 그런데 교수님, 과거의 지구는 알겠는데, 그 뒤가 궁금합니다. 왜 물층이 지금의 지구에는 없고 대기권만 있는지, 그 물층은 어디로 사라졌는지 궁금합니다."

"그래. 그렇게 자꾸 질문들을 해야지. 그 전에 한 가지 알아두고 넘어가야 할 사항이 있는데, 자네 '판게아(Pangaea) 이론'이라고 아나?"

"원래 지구의 땅 덩어리는 하나였다는 이론 아닙니까?"

우인의 대답을 듣고, 박 교수는 파란색 파일에서 자료를 꺼내 보여주었다.

"맞네. 여기를 보게. 지금 흩어진 대륙들을 맞춰보면 퍼즐처럼 맞아 떨어지지? 17세기 영국의 F. 베이컨이 이런 근거를 가지고 처음 가설을 발표했어. 그러다가 20세기 초에 들어와서 정설로 밝혀진 이론이야. 판 구조론이 이론적 뒷받침이 돼 주었지."

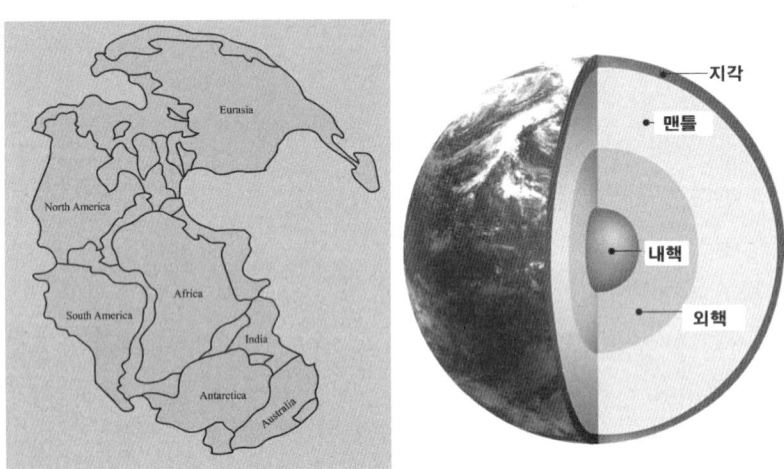

"자네는 이 이론에 대해 어떻게 생각하나? 맞다고 생각하나?"

"예, 맞다고 생각합니다. 딱 보기에도 그렇고, 오랜 세월이 지나면서 대륙이 갈라지고, 분열하면서 오늘날처럼 5대양 6대주가 되지 않았을까요?"

"오랜 세월? 자네가 오랜 세월이라고 주장하는 특별한 이유가 있나?"

갑자기 박 교수가 정색을 하고 물으니까 우인은 순간 당황하였다.

"어떤 특별한 이유가 있어서가 아니라 저렇게 큰 대륙들이 갈라지고, 멀리 떨어지려면 오랜 세월이 필요하지 않을까 해서 말씀드린 것입니다."

"그래? 그럼 자네는 2004년에 인도네시아 수마트라 섬 부근에서 지진이 발생했던 것을 기억하는가? 그 지진 한 번으로 수마트라 섬이 약 36m나 이동했는데, 그 섬은 남한 면적의 5배가 넘는 큰 섬이었어. 그런 큰 섬도 순식간에 옮기는 것이 지진이라네. 우리가 보기에 지각은 두껍게 보이는 것이지, 거의 3000km 두께인 거대한 맨틀층에 비하면 40km의 지각은 수프가 식을 때 위에 생기는 얇은 막과 같고, 겨울에 생기는 얇은 살얼음판과 같은 정도일 뿐야. 언제 깨지고, 찢어질지 모르지. 그러니까 화산 활동이 얼마만큼 활발하느냐에 따라 지각 변동은 얼마든지 우리가 생각하는 그 이상의 일들이 충분히 일어날 수 있는 거야. 유럽 대륙이 몇 시간 만에 둘로 갈라지거나, 아메리카 대륙이 몇 분 만에 산산조각이 날 수도 있다는 말이지. 그러니까 잘 모르면서 무조건 오랜 세월 운운 안 했으면 하네. 그것은 과학자의 좋은 태도가 아냐."

박 교수는 우인에게 처음으로 불편한 심기를 드러냈다. 박 교수는 진화론자들이 걸핏하면 말하는 '오랜 세월, 몇만 년, 몇억 년' 등등의 단어들을 들으면 화가 났다. 자신도 처음에는 그런 단어들에 익숙했고, 자주 사용했다. 그러나 진실을 알고 난 이후부터는 그런 단어를 들으면 화가 났다. 과학적인 사고라고 생각했다가 아니라는 생각이 들면서부터 속았다는 배신감 같은 것을 느낀 것이다. 갑자기 굳어져 버린 박 교수의 표정에 우인은 잠깐 당황했다. 그래서 정중하게 대답을 하였다.

"예, 앞으로 조심하겠습니다."

"자, 본론으로 돌아와서 나도 이 판게아 이론이 맞다고 생각하네. 그런데 아까 말한 과학자들보다 더 먼저 이런 주장을 한 책이나 사람이 있는 것을 아는가?"

"그런 책이 있었습니까? 들어본 적은 없는 것 같은데요?"

"있지. 여기를 한번 읽어보게."

박 교수는 성경을 펴서 우인 앞에 놓으며 손가락으로 알려주었다.

> 하나님께서 말씀하셨습니다. "하늘 아래의 물은 한 곳으로 모이고 뭍은 드러나라" 하시니 그대로 되었습니다. 하나님께서 뭍을 '땅'이라 부르시고 모인 물은 '바다'라고 부르셨습니다. 하나님께서 보시기에 좋았습니다(창세기 1:9-10, 쉬운성경).

"무슨 내용 같은가?"

"바다와 땅이 원래는 하나였다고 하는 것 같은데요."

"맞아. 이미 성경은 판게아 이론을 말하고 있었네. 그런데 과학이 판게아 이론을 밝혀내기 전까지 사람들은 성경의 이런 주장을 알지도 못하고, 관심을 가지지도 않았어. 왜 그런지 아나? 성경을 그냥 기독교인들만 보는 책으로 보고, 그 가치를 무시했기 때문이야. 그러다가 과학이 발달하고 지구를 더 정확하게 연구하고, 발견해 내면서 성경의 주장이 사실이라는 것이 밝혀지게 된 거야. 우리 처음 만났을 때 내가 그랬지? 과학이 발달하면 할수록 신의 존재는 더 증명이 될 것이라고. 그렇게 증명되는 신이 진짜 신이고, 그 신을 믿는 종교가 진짜 종교라고. 지금 성경의 내용이 하나씩 증명되고 있는 것이라네. 자네는 판게아 이론과 성경의 주장이 정확히 일치하는 것에 대해서 어떻게 생각하는가? 우연의 일치라고 생각하는가?"

우인은 박 교수의 저돌적인 질문에 선뜻 대답하기 어려웠다. 성경을 인정하기에는 증거들이 아직은 부족하다고 느꼈고, 그렇다고 우연의 일치라고 말하기는 더더욱 어려웠다. 우연이라고 하기에는 첫째 가설도 그렇고, 지금 이런 일치에 대해서 뭐라고 설명하기 어려웠기 때문이다. 하여튼 뭔가가 있기는 한데 아직은 단정 지을 수 없는 그런 느낌이었다. 그래서 우인은 성경이란 책에 대해 궁금해지기 시작했다.

"교수님, 그럼 성경은 누가 언제 쓴 책인가요?"

박 교수는 파란색 파일에서 지도를 꺼내 보여 주면서 설명했다.

"그 질문이 나올 줄 알았네. 당연히 알아야지. 지금 자네가 읽은 성경은 BC 1,440년경에 쓰여졌네. 모세 알지? "이집트 왕자"라는 영화도 있었잖아. 그 모세가 시나이 반도에 있는 시내 산에서 하나님께 계시를 받고, 이집트에서 종살이를 하던 이스라엘

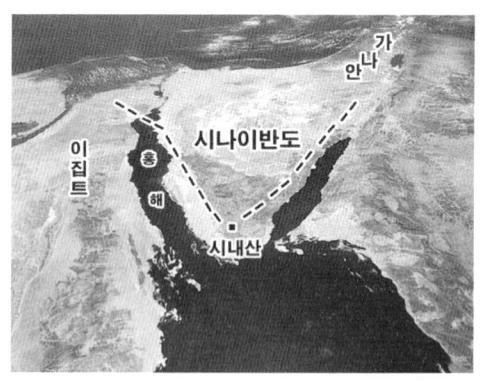

백성들을 이끌고 이집트에서 나왔다네. 그리고 다시 그 시내 산에 도착해서 하나님의 음성을 듣고 쓴 책이 성경의 맨 앞쪽에 나오는 창세기라네. 지금 자네가 읽은 글도 창세기의 한 내용이지. 자네는 아마 이런 궁금증이 생길 거야. '대체 모세는 태초에 천지가 창조되는 과정과 지구의 과거 모습을 어떻게 알고, 기록할 수 있었을까? 그렇지?'

"예, 사실 궁금하지 않을 수가 없습니다."

"궁금해하는 것은 절대로 잘못이 아니네. 그러니까 앞으로 궁금한 것이 있으면 뭐든지 다 물어보게. 아는 것은 다 말해 주겠네. 우선 이 이야기부터 해야겠군."

박 교수는 다시 성경을 찾아서 우인 앞으로 내밀면서 읽으라고 짚어 주었다.

> 여호와께서는 마치 사람이 자기 친구에게 말하듯이 모세와 얼굴을 맞대고 말씀하셨습니다. 말씀이 끝나면 모세는 진으로 돌아왔습니다(출애굽기 33:11, 쉬운성경).

"여기서 '여호와' 란 하나님의 고유한 이름이라네. 그러니까 하나님은 모세와 친구처럼 얼굴을 맞대고 말씀을 하실 정도로 가까운 사이였다네. 모세는 이때 하나님이 말씀하시는 것을 듣고, 책을 쓴 것이지. 하나님은 친구 같은 모세에게 태초에 어떻게 우주와 지구를 만들었는지, 그 뒤로 어떤 일들이 있었는지 알려주셨고, 모세는 그대로 기록한 것이지. 그것을 어떻게 믿냐고? 못 믿지. 어떻게 그것을 그냥 믿을 수가 있는가? 말도 안 되지. 그래서 우리는 모세가 기록한 것을 가설로 정하고, 과학적으로 검증해 보자는 거야. 이 가설이 검증이 되면 하나님은 존재하는 것이고, 모세는 하나님의 말씀을 듣고 성경을 기록한 것이라고 인정하고 믿을 수 있는 것이지. 그러나 검증이 되지 않는다면 성경은 다른 종교들처럼 자기들이 만들어 낸 기독교의 신화일 뿐이고, 하나님도 자신들이 만든 신일 뿐이지. 만약 성경이 그런 신화들 중에 하나라면 나는 성경을 믿지 않겠네. 물론 하나님도 믿지 않지. 그렇게 인간이 만든 신은 세상에 얼마든지 많지 않은가."

우인은 박 교수의 각오를 들으면서 다시 한 번 기독교와 하나님에 대해 편견과 선입견을 가지고 있었다는 사실을 깨닫게 되었다.

'그래, 저렇게 진지하게 검토해 보지 않고, 단편적인 모습들만 보고 '하나님은 없다' 혹은 '기독교는 싫다' 고 판단을 내리는 것은 옳지 않지. 이번 기회에 잘 검증해 보자.'

"저도 교수님처럼 진지하게 검증해 보도록 하겠습니다."

"우인 군, 자네는 지금 아주 잘하고 있어. 너무 잘하려고 하지 말고, 상식선에서 하나씩 궁금해하고, 생각하고, 자료를 찾아가다 보면 저절로 검증되지 않겠나? 진리는 억지로 감춘다고 감춰지지 않고, 억지로 드러내려고 하지 않아도 드러나는 것이라네. 과학은 그 진리를 밝혀주는 체계적인 방법이고 절차들이지. 그러니까 덮어놓고 부정도 하지 말고, 믿지도 말게. 발견된 단서를 가지고 과학적인 법칙으로 생각하고 결론을 내리면 돼. 그래서 믿을 만하면 믿고, 아니면 과감하게 거부해."

"교수님이 설명해 주시는 것을 듣다 보면 이해가 쉽게 되는 것 같습니다. 보통 책에서 말하는 것과 많이 다르거든요. 명쾌하다고나 할까요. 간단 명료하면서도, 쉽게 이해가 되게 설명해 주십니다."

"하하, 지금 나를 칭찬해 주는 것인가?"

"아닙니다. 칭찬이라니요. 그냥 그렇게 느껴져서 말씀드린 것입니다."

"아무튼 고맙네. 지금 우리는 첫 번째 성경적 가설이 사실로 드러난 것을 보았네. 과거의 지구에는 물층이 있었다는 가설이었지. 그리고 과거의 지구는 바다와 땅이 지금처럼 5대양 6대주가 아니라 바다도 하나, 땅도 하나였다는 사실도 팁(tip)으로 하나 확인했고. 맞지?"

"예, 맞습니다. 성경의 첫 번째 가설대로 추론해 볼 때, 이해가 되지 않았던 산소와 빙하에 관한 몇 가지 단서들이 확실하게 설명이 되었습니다."

"그럼 이제 두 번째 가설, 과거의 지구가 어떻게 해서 지금의 지구가 되었는지에 대한 가설을 알아볼 시간이네. 여기를 읽어보게나."

박 교수는 성경을 펴서 우인 앞으로 놓았다.

여호와께서 노아에게 말씀하셨습니다. "너는 가족을 이끌고 배로 들어가거라. 내가 보기에 이 세대에는 너만이 내 앞에서 의로운 사람이다. 모든 깨끗한 짐승은 암컷과 수컷 일곱 마리씩, 깨끗하지 않은 짐승은 암컷과 수컷 한 마리씩 데리고 들어가거라. 하늘의 새도 암컷과 수컷 일곱 마리씩 데리고 들어가거라. 그래서 그들의 종자를 온 땅 위에 살아 남게 하여라. 지금부터 칠 일이 지나면, 내가 땅에 비를 내리겠다. 사십 일 동안, 밤낮으로 비를 내리겠다. 그리하여 내가 만든 생물을 땅 위에서 모두 쓸어 버리겠다(창세기 7:1-4, 쉬운성경).

"하나님은 사람들을 만드셨는데, 그 사람들이 하나님의 뜻대로 살지를 않았어. 그래서 하나님은 후회하시고, 사람들과 생물들을 다 쓸어버리고, 가장 의롭게 살던 노아의 가족을 중심으로 다시 하나님이 원하는 사람들, 원하는 사회를 만들기를 원하셨지. 그래서 노아에게 하나님은 방주를 만들라고 하시고, 동물들과 가족을 데리고 피하라고 하셨어. 그리고 여기를 읽어보게."

노아가 육백 살 되는 해의 둘째 달, 그 달 열이렛날, 바로 그 날에 땅 속 깊은 곳에서 큰 샘들이 모두 터지고, 하늘에서는 홍수 문들이 열려서, 사십 일 동안 밤낮으로 비가 땅 위로 쏟아졌다(창세기 7:11-12, 표준새번역).

"노아가 600살이 되었을 때에 하나님은 모든 생물들을 다 쓸어버리기 위해 두 가지 조치를 취하셨지. 첫째는 땅 속 깊은 곳에서 큰 샘들이 모두 터지고, 둘째는 하늘에서 홍수 문이 열려서 40일 동안 비가 밤낮으로 쉬지 않고 내리는 조치일세. 자네는 땅속 깊은 곳에 있는 큰 샘이 뭐라고 생각하나?"

"땅 속에 있는 지하수 아닐까요?"

"지하수? 그럴 수도 있지. 그러면 여기서 큰 샘이라고 한 이유가 뭘까? 이것도 자네가 찾아봐야 해. 땅 속 깊이 무슨 샘들이 있고, 큰 샘, 작은 샘은 어떤 것들이 있는지 찾아보게. 알았지?"

"예, 알겠습니다."

"그리고 물층이 지구를 감싸고 있었다면 구름이 생길 수 있겠나, 없겠나? 이게 중요한 것일세. 만약 구름이 생긴다면 구름의 양이 문제일 것이고, 만약 안 생긴다면 여기서 말하는 홍수의 문이 뭔지를 찾아봐야 하니까. 그것도 알아보고, 그렇게 큰 샘이 터지고, 홍수의 문이 열리면 지구는 어떻게 되었을지 추론해 오게."

"이제 점점 복잡해지는데요?"

"언뜻 들으면 복잡한 것 같지만, 알고 보면 이것도 간단해. 잘 연구해 보게. 그리고 지금까지 자네 논문에 대해서 많은 지도를 하지 못한 것이 사실인데 그 이유를 설명해 주지. 지난번에는 거시적 부분, 미시적 부분이라는 표현으로 말했지만, 사실 나는 지금 자네랑 이야기하는 이런 내용들을 알기 전과 후가 많이 달라졌다네. 그래서 그 전에 썼던 논문들을 다시 쓰고 싶어졌다네. 왜 그런지 아나? 시각이 바뀌었기 때문이야. 거시적 안목을 가지고 보면, 미시적 시각으로만 보아왔던 문제들이 전혀 다르게 보일

수 있다네. 그래서 과거에 썼던 글이나 강의나 논문들이 부끄럽게 느껴지더라고. 자네도 그럴 것이라네. 그래서 논문을 쓰기 전에 자네에게 이런 이야기를 하는 거야. 그러니까 나를 믿고 한번 연구해 보게. 그러면 자네의 시각이 달라질 것이고, 자네 논문을 쓰는 문제도 의외로 쉬워질 거야."

"잘 알겠습니다. 처음에는 교수님의 그런 의도를 모르고 좀 답답했지만, 저를 위해 그러신다는 사실을 알고, 지도를 잘 받으려고 마음을 고쳐먹었습니다. 교수님, 잘 지도해 주십시오."

"좋아. 그런 자세라면 좋은 학자, 좋은 교수가 충분히 되겠어."

"감사합니다."

우인은 박 교수와 더 가까워지는 것 같아서 무척 기뻤다. 지금까지 교수가 되려면 연줄이 있어야 하는데 자기는 없다고 생각했다. 그래서 노력은 하지만 늘 자신이 없었고, 미래에 대해 희망보다는 염려를 많이 했다. 그렇다고 교수들을 자주 찾아다닐 만큼 넉살 좋은 성격도 아니었다. 그런데 이렇게 지도교수가 자기를 가까이 하고, 인정해 주고, 이끌어 준다고 생각하니까 무척 기뻤다. 그래서 자신의 마음속에서 논문에 대한 조급증이 많이 사라지는 것을 느꼈다.

그래서 그런지 지하철역으로 걸어가는 우인의 발걸음은 경쾌하고 가벼웠다. 지금까지의 무거운 발걸음과는 너무나도 달랐다. 지나가는 사람들의 표정이 밝아 보였고, 상점들도 활기차 보였다. 전에는 세상 속에서 혼자 걸어가는 듯한 느낌이었는데, 이제는 세상 속에서 자신이 중요한 위치에 서 있는 사람이라는 생각까지 들 정도였다.

우인은 전동차 창문에 비친 자신의 모습을 보면서 자신의 인생이 점점 변해가고 있다는 생각을 하게 되었다. 박 교수를 만나고, 현주를 만나고, 준수도 만나고. 모두가 다 좋은 사람들이고, 좋은 만남이라는 것을 생각하면서 자신의 인생이 좋은 방향으로 가고 있다는 느낌을 강하게 받았다.

열네 번째 이야기

빈자리

　우인은 다른 어느 때보다도 저녁을 맛있게 먹고 싶었다. 마치 할 일이 없이 빈둥거리던 사람이 갑자기 할 일이 생겨서 의욕을 가지고 식사를 하는 것처럼, 우인은 식사를 잘하고 연구에 몰두하고 싶다는 생각이 들었다. 자신이 먼저 자신을 소중하게 여기고 싶은 그런 마음이었다. 그리고 자신이 연구하는 주제들도 중요하게 여기고 싶었다. 그래서 자기를 위해 정성껏 요리를 했다. 지금까지는 식사를 해결하기 위해 요리를 했다면, 이제는 자기를 소중히 여기고, 더 나은 연구, 더 나은 삶을 살기 위해 요리를 했다.

　우인은 맛있게 저녁을 먹고, 커피를 한 잔 탔다. 그 동안 잘 들지 못했던 클래식도 들었다. 클래식을 들으면서 커피를 마시는 동안, 우인은 자신의 삶이 점점 좋게 변하고 있다는 생각을 하면서 흐뭇한 미소를 지었다.

그때 전화벨이 울렸다. 핸드폰을 꺼내 보니 동생 현우였다.
"응, 현우니?"
"형, 큰일났어."
"또 형이 보고 싶어졌어?"
"아니 그게 아니라, 엄마가 이상해."
"뭐라고? 어머니가 왜, 어떻게 이상한데?"
"교회를 나가신대."
"교회를?"
"응, 지난번에 형이랑 통화를 하고 나서 엄마하고 형 이야기를 하다가 그만 내가 실수를 해버렸어."
"무슨 실수를?"
"박사 학위를 받아도 든든한 연줄이 없으면 교수가 되는 것이 좀 어렵다고."
"너는 왜 그런 말을 해가지고 어머니 걱정하게 만드니?"
"아니, 나는 엄마가 너무 큰 기대를 하시니까 나중에 실망하실까 봐 미리 말씀드리는 것이 낫겠다고 생각했지. 그런데 엄마가 가만히 계시다가 갑자기 절에 가신다고 나가시더라고. 엄마가 평소에 절에 잘 안 가셨거든. 일하시기도 바쁘니까."
"그래서 어떻게 됐어?"
"절에 갔다 오신 날 밤에 이상하게 엄마가 우시더라고. 그래서 왜 우시냐고 했더니, 형이 불쌍하다고 우시더라고. 다른 학생들은 아버지가 있어서 등록금도 대주고, 생활비도 넉넉하게 대주면서 교수가 되도록 뒷바라지를 해주는데, 형은 고아처럼 혼자 고생한다고. 그래서 나도 함께 울었지 뭐."

"근데 왜 갑자기 교회를 가신다고 해?"

"그 다음 날 옆집 원석이 형 집에 가셨는데."

"원석이 형? 고등학교 선생님 됐다는 그 형 말야?"

"응. 그 집에 가서 형 이야기를 그 아줌마랑 얘기했나 봐. 그랬더니 그 아줌마가 하나님을 믿으라고 하더래. 그 아줌마도 남편 일찍 여의고 혼자 사셨잖아. 엄마가 다른 사람들 집은 안 가도, 그 아줌마 집에는 가끔 가시거든. 하나님이 아버지가 돼 준다고 했다나 봐. 그래서 자기 아들도 연줄이 하나도 없는데, 하나님이 아버지처럼 돌봐주셔서 선생님이 되었다고 하더래. 그 얘기 듣고, 하나님 믿겠다고 어제 교회를 갔다니까! 형, 어떡해?"

우인은 아무 말도 할 수가 없었다. 그전 같으면 당장 '안 되지' 그랬을 텐데, 지금은 이상하게 그 말이 나오질 않았다. 우인은 어떻게 대답을 해야 할지 참 고민스러웠다. 그러자 현우가 말을 계속했다.

"하나님이 어딨어? 엄마 좀 말려 봐."

현우는 말도 안 된다는 것처럼 투덜댔다. 그러나 자기도 어머니에게 어떻게 해야 할지 모르겠는지 선뜻 뭐라고 말을 하지는 못했다.

"현우야, 일단 어머니가 하고 싶으신 대로 하라고 내버려 두자. 사실 어머니가 우리 말대로 하실 분도 아니고. 어머니도 깊이 생각하고 결정하시겠지. 내가 이따 어머니랑 통화해 보마. 넌 어머니 기분 상하지 않게 그냥 가만히 있어. 알았지?"

"응, 알았어. 형이 알아듣게 말 좀 잘 해봐. 갑자기 교회가 뭐야, 하나님이 어딨다고."

"너무 걱정 마라, 형이 알아볼게."

통화가 끝나고, 우인은 어머니의 마음이 조금은 느껴져서 가슴이 아팠다. 아버지의 빈자리를 메우지 못한다는 마음에 하나님이 아버지가 돼 주신다는 말을 듣고, 그렇게 오랫동안 믿었던 불교도 버리다니. 그만큼 우인 어머니는 자녀를 위해 뭐든지 하는 분이었다.

우인은 어머니에게 전화를 걸기 전에 마음을 먼저 가다듬었다. 어머니의 기분을 상하게 하고 싶지 않았기 때문이다. 최대한 마음의 준비를 하고 어머니의 핸드폰으로 전화를 했다.

"뚜—, 뚜—"

"여보세요?"

"어머니 저예요, 우인이."

"어, 우인이니? 어쩐 일이냐? 공부 안 하고."

"예, 공부하다가 잠깐 어머니 생각이 나서 전화했어요. 건강하세요?"

"응, 나는 건강하다. 현우도 잘 있으니까 너는 걱정 말고 공부에만 전념해. 생활비 많이 부족하지?"

우인은 여전히 못난 아들 걱정밖에 모르는 어머니의 마음이 느껴져 목이 멨다. 그리고 어머니를 제대로 기쁘게 해주지 못하는 자신이 죄송스럽고, 마음이 너무 아팠다. 눈물이 나오려고 해서 간신히 참았다. 자신이 나약한 모습을 보이면 어머니가 더 걱정하실 것이 뻔하기 때문이다.

"어머니, 요즘 교회에 나가신다면서요?"

"응, 그렇게 됐다. 그거 반대하려고 전화한 거냐?"

"아니에요. 어머니 편하실 대로 하세요. 그동안 어머니가 결정하신 것들은 다 잘 됐잖아요. 이번에도 어머니의 생각대로 잘 되시겠지요."

"그래, 그렇게 생각해 주니 고맙다. 널 위해 절에 가서 불공을 드리는데 이번에는 좀 이상하더라. 전에는 기도하면 '때가 되면 다 이루어지겠지' 하는 마음이 들었는데, 이번에는 이상하게 아무 느낌이 들지를 않는 거야. 마치 허공에다 대고 절하는 것처럼. 그래서 하도 이상해서 그냥 내려왔다. 그리고 옆집 원석이네 집에 놀러갔더니 그 아줌마가 그러더라. 불교는 원래 신이 없대. 자기 수양을 쌓는 종교라는 거야. 그게 정말 맞는 말이냐?"

"예, 처음 석가모니가 깨달음을 얻고 불교가 생겨났는데, 석가모니는 자신을 신이라고 여기지 않았어요. 세상만사가 고통의 바다니까 자기에게 집착하지 말라고 가르쳤지요. 자기 생각이 없으면 고통도 없다는 그런 뜻이에요. 부처상에 절하는 것도 사실은 그 부처상이 신이라서 기도를 들어주니까 절하는 것이 아니라 부처의 정신을 수양하는 방식으로 절을 하는 거예요. 한참 절을 하다 보면 땀이 나고, 몸이 피곤하면서 정신이 이상하게 맑아지는 것을 느끼잖아요. 그러면서 마음에 있는 집착들이 하나씩 내려지는 거예요. 그런데 그걸 잘 모르는 분들은 마치 신에게 기도하는 것처럼 절하기도 하지요."

"부처상에 절하면서 기도하면 도와주시는 것이 아니라고?"

"예, 그것이 아니에요."

"그럼 내가 지금까지 누구한테 절했다는 말이냐?"

우인은 뭐라고 더 이상 말할 수가 없었다. 대상이 없이 허공에 절해 왔다는 말을 차마 할 수가 없었기 때문이다. 어머니는 분명 대상을 찾았던 것이다. 남편의 빈자리를 대신해 주고, 아버지의 빈자리를 채워주고, 보살펴주는 그런 신을 찾았던 것인데, 이제 와서 신이 아니라 그냥 허공에다 절을 했다는 사실을 어떻게 말할 수가 있을까? 그래서 우인은 재빨리 화제를 바꾸어서 말했다.

"어머니, 교회는 어떠셨어요?"

"교회? 절에 다니는 사람들하고 좀 다르더라. 뭐랄까, 밝고, 활발하고, 잘 웃더라. 잘 모르는 노래를 박수치면서 많이 부르고, 기도는 가만히 앉아서만 하니까 좀 싱겁더라. 하나님이 아버지라고 하던데, 난 잘 모르겠고. 일단 다녀보려고 마음을 먹었으니까 그렇게 알고 있어라. 옆집 아줌마가 나한테 허튼소리 할 사람은 아니니까 한번 같이 다녀 보마. 그러니까 너는 걱정 말고, 공부나 열심히 해라. 알았지?"

"예, 어머니, 건강하게 잘 계세요. 또 전화 드릴게요."

"너 바쁘니까 자꾸 전화하지 말고, 엄마가 널 위해 기도할 테니까 힘내라. 교회에서 매일 새벽마다 기도한다고 하던데 나도 그거 해보려고 한다. 우리 우인이는 착하니까 잘 될 거야. 알았지? 얼른 전화 끊어라."

어머니는 항상 전화비 많이 나온다고 할 말만 하고 전화를 이렇게 끊는다. 그것이 자식들을 위하는 가난한 어머니의 사랑 방식이다. 자녀에게 아버지를 만들어 주려고 종교까지 바꾸시는 어머니. 항상 "우리 우인이는 착하니까 잘 될 거야"라며 격려하시는 어머니. 어쩌면 우인은 어머니의 그 격려 때문에 정말 그렇게 살려고 애쓰며 살았는지도 모른다. 어머니의 기대에 어긋나지 않으려고 우인은 어머니가 싫어하는 것은 하지 않으려고 노력했다. 술과 담배를 하지 않은 것도 어머니 때문이었다. 물론 아버지의 술 취한 모습이 싫었던 것도 사실이지만, 유혹이 있을 때마다 어머니의 얼굴을 떠올리며 우인은 참고, 또 참았다.

우인은 어머니와 통화하고 난 후부터 어머니가 많이 그리웠다. 특히 우셨다는 이야기를 들은 뒤로는 어머니가 더 그리워졌다. 항상 큰아들 앞에서는 약한 모습을 보이지 않으시려고 강인한 척은 하셨지만, 그 동안 얼마나 외로우셨을까? 우인은 어머니 때문에 지방 대학을 선택한 동생에게 한없이 고마운 마음과 빚진 마음이 들었다. 그래서 동생에게 어머니에 대해 걱정하지 말라고 전하기 위해 전화를 했다.

"우리 지금 만나(만나) 아 당장 만나(당장 만나) 우리 지금 만나(만나) 아 당장 만나(당장 만나) 휴대전화 너머로 짓고 있을 너의 표정을."

현우의 익살스런 컬러링이 여전히 들렸다. 그리고 조금 울리더니 현우의 목소리가 들렸다.

"형이야?"
"응, 형이다. 좀전에 어머니랑 통화했어."
"뭐라고 했어?"
"응, 그냥 어머니 하고 싶으신 대로 하시라고 했어."

"왜 그랬어. 좀 말리지. 난 엄마가 광신자가 될까 봐 걱정돼."

"광신자? 넌 어머니를 모르니? 우리 어머니는 이성적인 분이야. 그렇게 함부로 어디에 빠지거나 그러실 분이 아니다. 걱정 마. 다 생각이 있으니까 그런 결정을 내리셨겠지."

"그런데 왜 하필 말도 많고, 탈도 많은 교회를 다니시려고 하지? 하나님이 어디 있다고. 그래도 우리나라 사람들이 제일 많이 믿는 종교가 불교잖아."

"현우야, 내가 논문 쓰려고 조사해 보니까 세계적으로 보면 전혀 다르더라. 불교는 전세계적으로 믿는 사람들이 약 3억 명밖에 안 돼. 분포 지역도 아시아 지역에만 몰려 있고. 그런데 기독교는 유럽, 아메리카, 남미 등 많은 지역에 분포되어 있으면서 인구도 약 21억 명이나 되더라. 지구상에 존재하는 종교 중에서 최고로 사람도 많고, 최대로 넓은 지역에 분포된 종교야. 그러니까 너무 걱정 말고, 조금만 지켜보자."

"기독교 인구가 그렇게나 많아? 의외로 불교 인구는 적고? 난 몰랐네. 그 자료 정확한 거 맞아?"

"너 이슬람 알지? 알고 보니까 그 이슬람도 기독교의 구약성경을 믿고, 하나님을 믿더라. 그러니까 이슬람 인구가 약 13억 명이니까 하나님을 믿는 인구를 다 합하면 약 34억 명이나 되는 거야. 지구인 두 명 중에 한 명이 하나님을 믿고 있는 셈이지. 그러니까 기독교를 쉽게 생각할 문제는 아닌 것 같더라."

"기독교가 그 정도였어? 아무튼 난 형만 믿을게. 나도 엄마가 이상한 행동을 하는지 살펴보다가 바로 전화할게."

"그래, 그래도 네가 어머니 옆에 있어서 형은 든든하다. 현우야?"

"왜?"

"고맙다."

"뭐가 고마워?"

"네가 어머니 옆에 있어줘서. 서울로 오고 싶었을 텐데도 어머니를 위해 지방 대학을 간 것이라고 정말 생각도 못했다. 형이 이 담에 꼭 빚 갚으마."

"무슨 소리야. 난 엄마가 좋아서 옆에 있는 거야. 빚이라고 생각하지 마. 형은 나한테 빚진 거 없어. 아, 하나 있다."

"뭐?"

"얼굴 자주 보여 주지 않는 거."

또다시 우인은 형을 그리워하는 현우의 마음이 느껴져 미안한 마음이 들었다.

'내가 형 노릇, 아버지 노릇 다 해줘야 하는데, 난 아직도 내 앞가림도 못하고 있으니 참 한심하다.'

갑자기 우인은 지훈이 생각이 났다. 일찍 직장에 들어가서 결혼도 하고, 가정을 이루고 사는 지훈이가 다시 한 번 부러웠다.

"현우야, 미안해. 늘 함께 해주지 못해서. 아무튼 어머니를 부탁한다."

"알았어. 형도 힘내. 안녕."

우인은 어머니의 변화를 조금은 이해할 것 같았다. 남편의 빈자리, 아버지의 빈자리를 대신해 줄 종교라고 믿었던 불교인데, 어느 날 그것이 전혀 느껴지지 않았을 때 얼마나 공허하고 허망하셨을까? 그때 같은 처지임에도 불구하고, 밝고 긍정적으로 사시는 옆집 아줌마의 조언에 마음이 흔들리셨을 것이다. 어머니는 지금 하나님을 믿는 것이 아니라 남편의 빈자리 그리고 아버지의 빈자리를 그 하나님이 채워줄 수 있는지 알아보고 계시는 것이리라. 만약 그 빈자리가 채워지지 않는다면 어머니는 과감하게 또 변화를 시도하실 것이다. 그런 어머니의 마음을 알기에 우인은 하고 싶으신 대로 하시라고 말한 것이다.

'차라리 이번 기회에 아버지의 빈자리가 채워지면 좋겠다.'

우인은 어머니가 또다시 뭔가에 의지했다가 허무해지는 것은 아닐까 걱정이 되었다. 그러면서 문득 하나님이 정말 있어서 아버지의 빈자리가 채워지면 좋겠다는 생각이 들었다.

'그러면 어머니가 행복해 하실 텐데.'

열다섯 번째 이야기

빙하의 진실

어머니에 대한 생각을 한참 하고 있는데, 전화벨이 울렸다. 발신자 이름을 보니 준수였다.

"어, 준수 선배."

"응 우인아, 저녁은 먹었니?"

"먹었어. 선배도 먹었어?"

"난 바빠서 아직 못 먹었어. 지금 현장에서 사무실로 들어가는 중인데, 이제 가서 퇴근하고 먹어야지. 참, 교수님 만나고 왔니?"

"응, 두 번째 가설이 궁금해서 그렇지?"

"그래, 빨리 말해 봐."

"물층이 감싸고 있던 지구에 갑자기 땅의 깊은 큰 샘이 터지고, 하늘에서는 홍수의 문이 열려서 40일 밤낮 비가 내렸대."

"무슨 가설이 그러냐?"

"좀 그렇지? 땅에서 터진 큰 샘이 뭔지 그리고 홍수의 문이 뭔지 알아보래. 그리고 그 결과 지구에 어떤 일이 생겼을지 알아보래. 그래서 나도 지금 알아보려고 하던 참인데 좀 막막하네. 선배는 이런 자료를 어디서 찾아? 어디 좋은 자료실 없어?"

"나도 지난번에 자료를 찾는데, 의외로 그런 자료들이 없더라. 사람들이 아예 관심을 두지 않는 문제들인 것처럼 거의 없어. 그래서 그냥 그림을 그려가면서 추론을 많이 했지. 사실 우리가 단서를 가지고 범인을 추적할 때도 추론을 많이 하는 편이야. 대개 단서들은 징검다리처럼 띄엄띄엄 있거든. 그러면 그 단서에 맞는 가설을 정하고, 징검다리의 빈자리를 추론하면서 새로운 단서를 찾지. 그러다가 단서가 나오고, 그 단서가 추론한 그 부분에 부합된다고 확인되면 그 가설은 진실이라고 인정되고, 용의자는 범인이 되는 거야. 이 문제들에 대해서도 어쩔 수 없이 그렇게 작업해야 할 것 같다."

"그렇게 하는구나. 사실 나도 막막하더라고. 인터넷 검색을 하면 대부분 도움이 안 되는 비전문가의 말들만 많이 나오고, 전문 자료들을 찾으면 없고. 그래서 아마 교수님도 상식선에서 검증하라고 하셨나 봐."

"우리가 사건을 해결하기 위해 추론을 할 때도 그 상식이 기준이야. 우리가 말하는 상식이 뭔지 아니? 현재 발표돼서 사람들이 이미 아는 법칙들이나 이미 경험된 것들이 상식이야. 그러니까 사실 웬만한 과학 이론도 상식 속에 포함이 다 된 거지. 예를 들면, 지구가 태양을 돈다. 이것도 상식이잖니? 그런데 이것은 갈릴레이 갈릴레오가 살던 16세기에는 상식이 아니었어. 왜 그런지 아니? 그때의 과학적인 지식이 부족했기 때문이지. 그러니까 우리 시대의 상식은 상당히 수준 높은 과학이라고 봐야지. 아마 그래서 상식선에서 검증하라고 하셨을 거야."

"그렇구나. 그럼 선배도 상식선에서 알아보고, 나랑 맞춰보자."

"그러자. 땅에서 큰 샘이 터지고, 하늘에서 홍수의 문이 열리고, 40일 동안 밤낮으로 비가 내렸다고 그랬지? 그리고 그 결과 지구에 어떤 일이 생겼는지 알아보라고 했지?"

"응. 선배의 능력을 발휘해서 범인을 확실히 잡아 봐."

"그래, 그럼 수고해라."

우인은 전화를 끊고, 본격적으로 자료를 찾기 시작했다.

'땅에서 큰 샘이 터졌다. 그것이 지하수일까? 아니면 뭘까? 먼저 지하수의 양을 찾아볼까?'

우인은 인터넷 검색을 통해 지구에 존재하는 물의 양을 찾아봤다.

지구상에 존재하는 물은 97%는 바닷물, 1.8%는 만년설이나 빙하, 0.9%가 지하수, 0.02%가 호수, 강, 내륙 바다, 0.001%가 구름이나 수증기로 존재한다.

'뭐야? 지하수는 0.9퍼센트밖에 안 되네? 그럼 큰 샘이라고 할 수는 없는데. 땅 속에 큰 샘이 있다면 그것이 뭘까? 그럼 땅 속의 구조도를 보면 알 수 있을까?

우인은 지질에 관한 자료를 찾았다.

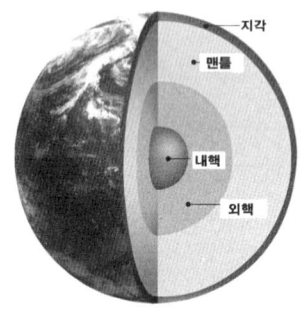

내핵	고체	두께 약 5,100-6,400km, 철과 니켈이 많다. 온도는 약 6,000℃.
외핵	액체	두께 약 2,900-5,100km, 철과 니켈 같은 밀도 큰 물질, 2,000-5,000℃ 정도.
맨틀	액체 고체	두께 약 40-2,900km, 마그마는 맨틀의 일부, 용암은 지상으로 나온 마그마. 지구 부피의 약 83%, 1,000-2,000℃.
지각	고체	두께 약 40km, 땅. 지구 반지름 약 6,378km. 수프가 식을 때에 생기는 얇은 막과 같다. 살얼음.

'땅 속에 내핵과 외핵이 있고, 맨틀이 있고, 지각이 있고. 맨틀은 고체와 액체인 마그마로 구성되어 있고. 마그마는 지구 부피의 약 83퍼센트, 두께 2,900km이고. 이것이 터지면? 와, 장난 아니겠군. 40km의 얇은 지각으로 그 엄청난 양의 마그마를 어떻게 막을 수 있을까? 불가능하겠어. 그럼 땅 속의 큰 샘은 맨틀이란 말인가?'

우인은 맨틀을 보면서 두려움이 밀려왔다. 약 2,900km의 두께를 가진 마그마가 겨우 40km밖에 안 되는 얇은 지각으로 포장되어 있었기 때문이다.

'지진이 일어나는 것이 비정상이 아니라 지진이 일어나지 않는 것이 비정상이군. 어떻게 그렇게 많은 마그마를 이렇게 얇은 지각이 감싸고 있을까? 만약 액체로 되어 있는 맨틀이 바다처럼 파도를 치면 얇은 지각은 어떻게 될까? 갈기갈기 찢어지는 것은 너무나도 쉬운 일이겠군. 그럼 큰 샘이 터졌다는 것은 맨틀이 터져서 마그마가 분출하고, 지진이 일어나는 상황을 말하는 것일 가능성이 많겠구나.'

"그럼 이제 홍수의 문이 열리는 것에 대해 알아볼까? 아까 지구상의 물 중에 몇 퍼센트가 구름이나 수증기로 존재한다고 했더라?"

'구름이나 물로 0.001퍼센트네. 겨우 이런 정도로 하늘의 홍수의 문이라고 할 수 있을까? 적어도 홍수의 문이라고 한다면 여름에 많은 비를 내리는 태풍 정도는 돼야지. 그럼 물층이 지구를 감싸고 있는 상황에서 태풍이 가능할까? 태풍의 형성 조건이 뭐지?'

> 태풍은 북태평양 서부에서 발생하는 열대저기압 중에서 중심 부근의 최대풍속이 17m/s 이상의 강한 폭풍우를 동반하고 있다. 서태평양에서는 태풍, 인도양에서는 사이클론, 대서양과 동태평양에서는 허리케인으로 부른다. 태풍은 적도 부근이 극지방보다 태양열을 더 많이 받기 때문에 생기는 열적 불균형을 없애기 위해, 저위도 지방의 따뜻한 공기가 바다로부터 수증기를 공급받으면서 강한 바람과 많은 비를 동반하며 고위도로 이동하는 기상 현상 중의 하나이다. 태풍은 해수면 온도가 27°C 이상인 아열대 해역에서 발생하기 때문에 서태평양이나 동태평양, 남인도양 등에서 많이 발생한다. 적도는 적도 수렴대로 바람이 모이는 곳이다. 바람이 모이면 바다 밑으로 내려가지 못하고, 기류가 상승한다. 이러한 상승기류에 바다의 수증기가 더해

져 구름이 많이 생성되고 그런 와중에 상층의 커다란 흐름이 같이 연동해서 소용돌이가 형성되어 태풍이 형성되는 것이다.

'아, 태풍은 일단 태양열을 많이 받아 뜨거워진 바다 지역에서 수증기가 발생하고, 그 수증기들이 강한 바람과 만나서 생기는구나. 그러니까 현재의 지구에서도 뜨거운 여름에만 주로 태풍이 생기는 것이고. 그렇다면 지구를 물층이 감싸고 있어서 태양열이 분산되는 상황이라면 많은 비를 내리게 하는 비구름이나 태풍은 불가능하다는 말이겠군. 그럼 홍수의 문은 뭘까? 40일 동안 밤낮으로 내릴 정도로 많은 양의 비는 어디서 왔을까? 지구를 감싸고 있던 물층이 비로 내려왔을까? 현재로서는 그렇게 생각할 수밖에 없는데. 그럼 일단 그 물층이 비로 내려왔다고 하고, 추론해 보는 수밖에 없겠군. 자, 그럼 물층이 비가 되어 지구에 40일 동안 내렸다. 그러면 어떻게 되지? 당연히 대홍수가 났겠지. 하루에 비가 몇 mm나 왔을까?'

우인은 일일 최대 강수량을 찾아봤다.

> 일일 최대 강수량은 지난 2002년 8월 31일 태풍 "루사"가 강릉 지역에 870.5mm의 집중 호우를 뿌려, 일일 강수량 최고기록을 남겼다.
> 미국 남부 텍사스 주에서는 2007년 7월 20일경 2시간 동안 432mm의 비가 쏟아져 가옥 1000여 채가 물에 잠겼다.

'한국에서는 일일 최대 강수량이 870mm였고, 미국 텍사스에서는 2시간 만에 432mm가 왔다. 2시간 만에 내린 432mm를 일일 강수량으로 환산하면 5,184mm인데. 비구름만으로도 일일 강수량이 5,000mm가 왔다면 구름보다 더 넓은 지역의 물층일 경우에는 그보다 더 많았다는 이야기인데. 그럼 일일 강수량이 5,000mm, 즉 5m의 비가 40일 동안 왔으니까 전체 강수량을 계산하면 최대 약 200m가 된다는 이야기인데……'

가설대로 정리를 하면, 맨틀이 터져서 화산 활동과 지진 활동이 전 지구적으로 일어나고, 물층이 터져서 지상으로 200m의 집중 호우가 내렸다는 이야기인데. 그럼 지구상에 어떤 일들이 벌어질까?

일단 마그마가 터지면 지각을 밀고 마그마가 올라와 분출될 것이고. 그러면 지각은 갈라졌을 것이고, 심한 곳은 큰 대륙으로 분열했을 것이고. 분열된 곳으로 바닷물이 유입되면서 여러 대륙과 여러 바다로 구분되었을 것이고. 아하, 이때 하나의 바다, 하나의 땅이었던 지구가 지금처럼 5대양 6대주로 변했을 수도 있었겠군? 어느 곳은 땅이 융기되면서 높은 산이 형성되었을 것이고, 어떤 곳은 오히려 침강 현상이 벌어지면서 바다 밑으로 가라앉았을 것이고. 동시에 하루 5m의 집중 호우가 내려 숲마다 나무들은 뽑히고, 서로 뒤엉켜서 산 아래로 떠내려왔을 것이고, 지진으로 갈라진 틈으로 빨려들어갔겠지. 동물들은 강 하류까지 둥둥 떠내려가다가 지진으로 갈라지는 대륙의 끝자락에서 바다를 만났을 것이고, 지진으로 인해 생기는 틈으로 빨려들어갔겠지. 지구상에 존재하는 모든 것이 다 죽었을 테고. 그럼 세계 곳곳에 석탄이 발견되는 이유가 충분히 설명이 되는군. 대홍수와 대지진이 동시에 그리고 전 지구적으로 일어나야만 석탄 매장량 분포도가

설명이 된다고 했는데, 이 가설대로라면 충분히 설명이 되겠어.'

우인은 세계 석탄 매장량 분포도가 충분히 설명된다는 생각에 흐뭇해하다가, 석유 매장 분포에 대해 생각하게 되었다.

'석탄은 이해가 되는데, 석유는 설명이 안 되네. 넓은 대륙은 석유 매장량이 적었는데, 어떻게 좁은 중동지역에서는 그렇게 많은 석유가 매장되었을까? 이 가설로도 설명이 안 돼. 왜 그럴까?'

그때 갑자기 핸드폰에서 문자가 왔다는 알림음이 울렸다.

'이 시간에 누구야?'

우인은 누굴까 궁금해하면서 핸드폰을 열어보니 준수였다.

'우인아지금자니?자료를찾다가너랑통화좀하고싶어문자했는데.'

준수도 밤늦도록 자료를 찾고 있다가 답답하니까 통화를 원한 것이었다. 그래서 우인은 바로 통화 버튼을 눌렀다.

"당신은 사랑받기 위해 태어난 사람."

준수는 기다렸다는 듯이 컬러링이 울리자마자 바로 전화를 받았다.

"우인아, 아직 안 자고 있었니?"

"응, 자료 좀 찾느라고. 선배도 안 잤어? 지금 한 시쯤 됐을 텐데. 피곤하지 않아?"

"피곤하긴 한데, 가설이 궁금하더라고. 그래서 대충 저녁 먹고, 생각해 보다가 추론이 잘 안 돼서 너랑 통화 좀 하려고."

"뭐가 안 되는데?"

"석탄은 이해가 되더라. 40일 동안 내리는 홍수라면 비구름에 의한 비가 아니라 물층일 것이고, 그 물층이 무너져 집중 호우가 내려서 모든 나무들이 뽑히고, 떠내려 오다가 계곡 같은 데서 뒤

얽혀 있다가 지진이 나면서 갈라진 틈으로 빨려들어가 석탄이 되었겠지. 그러니까 전세계적으로 석탄이 골고루 매장된 것이고. 그런데 여기까지는 설명이 되는데, 석유는 잘 모르겠네. 왜 중동이라는 좁은 지역에 그렇게 많은 석유가 매장되었는지에 대해서 이 가설은 설명을 못하는 것 같아."

"선배도 그랬어? 나도 석탄은 그렇게 설명이 되는데, 석유에서 꽉 막히던데. 다른 대륙은 석유 매장량이 대체로 엇비슷한데, 왜 유독 중동지역만 7배나 많은 것일까? 동물들이 많이 떠내려가 지진으로 파묻혔다고 말하기에는 너무 억지 같고. 많아도 어지간히 많아야지."

"너도 그렇구나. 그러면 빙하 문제는 해결했어?"

"빙하? 난 거기까지는 아직 생각도 못했는데. 선배는?"

"나는 처음에 빙하부터 생각해 봤는데. 신기하게 풀리더라. 한번 들어봐. 물층은 지구의 온도 편차를 막아주는 장치였어. 맞지? 그러니까 물층이 무너지면, 온도의 편차가 시작되는 거야. 그러면 적도지역에 내리는 비는 당연히 비겠지. 그러면 태양열이 적게 비치는 북극과 남극지역에 내리는 비는 어떻게 됐겠니?"

"그 지역의 온도가 오늘날처럼 낮아졌을 테니까, 그럼 눈이 됐겠네?"

"당연히 그렇지. 추우면 당연히 비가 눈이 되지."

"와, 그럼 왜 빙하가 북극과 남극에만 있는지가 설명이 되네."

"그렇지, 물층이 무너져 내리면서 적도지역에는 대홍수가 났지만, 북극과 남극 그리고 기온이 뚝 떨어지는 해발 4,000m 이상의 고산지대는 비가 그대로 눈이 되어 쌓였겠지."

열다섯 번째 이야기_ 빙하의 진실

"그래 맞아. 그렇게 보니까 뱃속에 콩과 활엽수 그리고 화산재가 소화도 안 된 채 빙하에 갇힌 아기 맘모스가 이해가 되네. 아기 맘모스는 어느 날 북극에서 콩과 활엽수 잎을 뜯어 먹고 있는데, 갑자기 화산이 폭발하더니 화산재가 나뭇잎에 떨어져 쌓인 거야. 그것도 모르고 먹었지. 그리고 동시에 하늘에서 눈이 내리는데, 너무 많이 오는 거야. 시간이 갈수록 거대한 맘모스도 꼼짝 못할 정도로 눈이 쌓이니까 어쩔 수 없이 눈에 갇혔겠지. 그리고 그대로 빙하가 돼서 오늘날까지 화석이 된 거지."

"그런데 40일 밤낮 비가 왔다고 했는데, 대체 얼마나 비가 내리고, 눈이 내린 것일까? 도무지 종잡을 수가 없더라."

"그래서 우리나라 최대 일일 강수량을 찾아보니 870mm 정도이고, 미국의 경우를 보니까 2시간 만에 432mm의 비가 온 경우도 있더라고. 그래서 미국의 경우를 하루 24시간으로 환산해 보니까 약 5,000mm, 즉 5m가 되더라고. 그러니까 이때의 홍수는 일일 강수량이 약 5m 이상이라고 봐야 하지 않을까? 그리고 비와 눈의 비율이 1 대 10이니까, 일일 적설량은 약 50m겠지. 그러면 맘모스가 그대로 파묻힐 만한 충분한 양이잖아."

"그렇구나, 그럼 40일 동안 내렸으면, 비는 약 200m가 내렸고, 눈은 2,000m가 내렸다고 봐야 하는데. 참! 우인아, 그때 빙하가 녹으면 해수면이 얼마나 올라간다고 했었지?"

"60m였지. 아니 그럼 이 빙하의 양대로 계산하면, 그때의 일일 강수량이 1,500mm라고 봐야 하나?"

"꼭 그건 아니지. 왜냐하면 그때 물층이 무너지면서 내린 비와 눈 전부가 그대로 빙하가 되었다고는 볼 수 없잖아. 일부는 빙하로 변했지만, 거의 대부분의 비는 바다로 유입되어 해수면을 상승시켰을 거야. 실제로 세계지도를 펴놓고 대륙들을 붙여 봐도 바다에 잠겨버린 땅들이 많잖아. 그것은 해수면이 상승해서 땅을 덮었기 때문일 거야. 그러니까 빙하가 녹으면 해수면이 60m 상승한다고 해서 물층의 물의 양이 그 정도밖에 안 된다고 할 수는 없지. 그 이상이라고 봐야지. 그러니까 40일 동안 정말 200m의 비가 오고, 2,000m의 눈이 왔을 수도 있지."

"아, 그렇겠네. 어쨌든 선배 말대로 밝혀졌네."

"뭐가?"

"처음에 단서를 해석할 때 그랬잖아. 지구 온도의 편차를 막아주는 장치와 빙하가 무슨 관련이 있는 것 같다고."

"아참, 그랬지. 난 이런 내용은 잘 모르고, 과거에는 있었던 것이 사라지고, 없었던 빙하가 새로 생겼으니까 그렇게 말한 것인데 그대로 되니까 재미있다. 마치 범인을 잡은 느낌이 든다. 하하."

"아, 단서를 통해 범인을 잡으면 이런 느낌이야? 짜릿한데?"

"그 맛에 우리 일을 하는 거야. 아무도 모르게 감쪽같이 범행을 저질렀는데, 우리가 과학적인 방법으로 밝혀내면 그 범인 얼굴이 어떤지 아니? 놀라고, 당황하고, 체념하지. 그래서 자백을 순순히 하는 거야."

"야, 재미있겠다. 나도 박사 학위 그만두고, 선배랑 같이 일할까?"

"야야, 아서라. 너는 그냥 교수나 돼. 현장에서 일하다 보니까 대학 때 잘 배워야겠더라. 너는 교수가 되면 진짜 과학자를 키워야 해. 학교에서 공부했다고 바로 사회에서 실력 발휘를 할 수 있는 것은 아니더라고."

"알았어. 그러면 일단은 빙하에 관한 설명은 되는 것 같네."

"그래. 물층이 무너지면서 온도의 편차가 생기고, 그러면서 북극과 남극 그리고 기온이 낮은 고도 4,000m 이상의 고산지대에 내리는 비는 눈으로 변하고, 그것이 빙하가 됐다. 맞지?"

"오케이. 그동안 빙하에 관한 가설을 볼 때마다 이해가 안 됐는데, 그렇게 설명하니까 너무 쉽게 이해되네. 뭐 지구는 빙하기와 간빙기가 4만 년을 주기로 반복이 되었다고 하던데, 그렇다면 간빙기인 지금 빙하지역인 북극과 남극은 빙하기 때도 역시 빙하지역일 거 아냐? 그럼 지금 북극 빙하 밑에서 발견되는 풀과 솔방울은 어떻게 설명할 건데. 말이 안 되지."

"우인아! 너 왜 흥분하고 그러냐. 너답지 않게."

"말이 안 되니까 그렇지? 빙하에 대해서 너무 쉽게 이해가 되니까 내가 그동안 엉터리 설명에 현혹되었다는 생각이 들면서 좀 화가 나네. 전에는 그럴듯해 보였는데, 지금 보니까 완전 형편없는 사기야, 사기."

"좀 그렇지? 그동안의 석탄에 관한 설명도 엉터리잖아. 대홍수와 대지진은 석탄과 석유 생성과정에서는 반드시 있어야 하는 필요충분 조건인데, 그런 설명이 하나도 없었잖아. 마치 오랜 세월이 지나면서 퇴적물이 쌓이면 저절로 생기는 것처럼 설명했는데, 그 오랜 세월 동안 그 나무가 썩지 않고 어떻게 그냥 있을 수 있냐고, 말도 안 되지."

우인과 준수는 신이 났다. 자신들의 삶과 직접적으로 관련된 문제는 아니었지만, 학교에서 배울 때 좀 의아하면서도 그냥 넘어간 문제들이었다. 그러나 이번 기회에 새롭게 깨닫고 보니까 그런 엉터리 이론들이 과학인 것처럼 여겨진다는 사실에 은근히 화가 나기도 한 것이다. 그래서 평소 차분하고 말이 별로 없었던 우인도 흥분하며 말을 많이 하게 된 것이다.

"지구상의 모든 나무들이 집중 호우로 인해 다 뽑혀서 강으로 떠내려가다가 화산 활동과 함께 진행된 지진으로 갈라진 틈으로 빨려들어갔다. 그리고 지열과 지압에 의해 석탄으로 변화되었다. 모든 대륙에 골고루 석탄 광산이 발견되는 것은 대홍수와 대지진이 모든 대륙에서 동시에 진행되었다는 것을 설명하는 것이다. 선배 맞지?"

"오케이, 문제는 석유다. 석유도 석탄처럼 큰 대륙에서 많이 매장되어야 맞잖아. 그런데 왜 중동에만 그렇게 많이 매장되어 있냐고? 정말 답답하네. 교수님에게 가면 꼭 이 부분에 대해 질문해서 답을 찾아와야 해. 알았지? 내가 답답해서 못 견디겠다. 뭔가 특별한 이유가 분명히 있을 텐데."

"알았어. 오늘은 이만 자자. 선배도 내일 출근해야지. 벌써 새벽 두 시네. 내가 석유 부분에 대해서 꼭 알아올게."

"그래 자자. 잘 자라."

우인은 밤늦도록 준수랑 이런 대화를 나누면서 매우 행복했다. 누군가랑 이렇게 오래 대화하기도 처음이고, 그것도 잡담이 아니라 그동안 궁금하게 생각했던 것들을 서로 연구하고, 토론한 것이기에 더욱 좋았다. 그리고 무엇보다도 서로의 수준이 비슷해서 길게 설명하지 않아도 척척 대화가 통해서 정말 기분 좋았다.

열여섯 번째 이야기

석유의 진실

　어제 늦게 잠을 잤는데도 우인은 아침에 일찍 눈을 떴다. 이제는 궁금증을 넘어 연구에 대한 의지가 불타오르고 있었다. 마치 탐험가가 새로운 대륙을 발견한 것처럼, 우인은 새로운 세계를 발견해 가는 흥분과 놀라움을 느끼고 있었다. 지구의 과거의 모습을 알아가고, 현재의 지구의 모습 중에서 이해할 수 없는 것들을 하나씩 알아가면서 사고의 틀이 점점 확장되어 가고 있는 것이다. 자고 일어나도 어젯밤에 느낀 흥분과 긴장감이 계속 유지될 정도로 우인은 흥분된 상태였다.
　학교로 가는 발걸음은 그 어느 때보다도 빨라졌다. 어서 가서 석유의 궁금증을 풀고 싶어졌기 때문이다. 몇 걸음밖에 안 걸은 것 같았는데, 벌써 지하철역에 도착했다고 느낄 정도였다. 모처럼 느끼는 순수한 학구열이었다. 사실 우인은 교수가 되기 위해 석사 과정과 박사 과정을 거치고, 논문을 쓰려는 마음이 많았다. 그렇기 때문에 연구가 항상 재미있는 것은 아니었다. 마치 학부 때 리포트를 내듯이 의무감이 많았다. 그러나 지금은 누가 숙제 검사도 하지 않고, 점수를 더 주는 것도 아니지만, 신이 나서 연구하고 있다.

"똑똑."
"들어와요."
"교수님, 저 왔습니다."
"어서 와. 오늘은 다른 때보다 더 일찍 왔네. 끝나고 어디 가야 하는가?"
"아닙니다. 그냥 빨리 왔습니다."
"그래? 뭐가 재미있는 일이 있었던 모양인데, 무슨 일인가?"
"두 번째 가설 때문입니다. 물층이 무너져 내리고, 땅의 깊은 샘이 터졌다고 하신 가설대로 추론을 했더니 단서들이 아주 쉽게 설명이 되었습니다. 빙하가 어떻게 생겼는지, 왜 그렇게 많은 석탄이 대륙마다 발견되는지가 설명이 되던데요."
"그래? 역시 자네는 과학적인 상식이 풍부하고, 관심이 있으니까 남들보다 빨라. 다른 사람들은 내가 좀 설명해 줘야 단서와 단서 사이를 넘어가는데, 자네는 이해를 잘하고 있어."
"그런데 교수님, 석유는 전혀 모르겠습니다."
"중동지역에만 그렇게 많이 매장된 이유 말인가?"

열여섯 번째 이야기_ 석유의 진실

"예."

"하하, 모르는 것이 당연하지. 만약 자네가 억지로 해석해 오면 내가 뭐라고 해주려고 했다네. 그런데 솔직히 모르는 것을 모른다고 하니까 내가 힌트를 주지."

"힌트가 있습니까? 어떤 자료입니까?"

"사실 첫 번째 가설과 두 번째 가설 사이에는 많은 시간적인 차이가 있네. 그리고 그 과거의 시간 동안 많은 일이 지구상에서 벌어졌지. 그러니까 두 번째 가설을 잘 이해하려면 과거의 시간에 지구상에 어떤 일과 상황이 벌어졌는지를 이해해야만 하네. 이해하는가?"

"예, 이해하겠습니다. 그러면 어떤 일이 있었습니까?"

"그래 오늘은 그것을 알려주겠네. 첫째 물층이 지구를 감싸고 있었던 과거의 지구에는 사람이 살고 있었네. 에덴동산이라고 들어봤나?"

"많이 들어봤습니다. 사람이 살기 좋은 곳을 그렇게 부르는 것 같습니다. 그런데 정말 에덴동산이 지구상에 실제로 있었나요?"

"그럼 있었지. 100퍼센트는 아니어도 거의 80퍼센트 정도는 위치를 알 수 있네. 좀 길지만 여기를 한 번 읽어보게나."

박 교수는 우인에게 성경을 보여 주면서 읽을 곳을 손가락으로 가리켰다. 박 교수의 성경책은 얼마나 보았는지 너덜너덜해졌고, 군데군데 밑줄이 그어져 있었다.

> 그 때, 여호와 하나님께서 땅의 흙으로 사람을 지으셨습니다. 그리고 사람의 코에 생명의 숨을 불어 넣으시니, 사람이 생명체가 되

었습니다. 여호와 하나님께서 동쪽 땅 에덴에 동산을 만드시고, 지으신 사람을 그곳에서 지내게 하셨습니다. 여호와 하나님께서 아름답고 먹기 좋은 열매를 맺는 온갖 나무들을 그곳에서 자라나게 하셨습니다. 동산 한가운데에는 생명나무와 선악을 알게 하는 나무도 있었습니다. 에덴에서 하나의 강이 흘러 동산을 적시고, 그곳에서 강이 나뉘어 네 줄기가 되었습니다. 첫 번째 강의 이름은 비손입니다. 이 강은 금이 나는 하윌라 온 땅을 돌아 흐릅니다. 그 땅에서 나는 금은 질이 좋았습니다. 그곳에서는 값비싼 베델리엄 향료와 보석도 납니다. 두 번째 강의 이름은 기혼입니다. 이 강은 구스 온 땅을 돌아 흐릅니다. 세 번째 강의 이름은 티그리스입니다. 이 강은 앗시리아 동쪽으로 흐릅니다. 네 번째 강은 유프라테스입니다. 여호와 하나님께서 만드신 사람을 데려다가 에덴 동산에 두시고, 그 동산을 돌보고 지키게 하셨습니다(창세기 2:7-15).

"하나님은 자연을 만드시고, 맨 나중에 사람을 만드셨네. 그리고 에덴동산을 만들어 사람이 살도록 하셨네. 그러니까 동물들은 모든 땅 위에서 살았지만, 사람은 에덴동산에서만 살았지. 그리고 그 에덴동산의 위치를 알 수 있는데, 에덴동산에서 시작되는 네 개의 강을 거슬러 올라가면 되네."

박 교수는 파란색 파일에서 지도를 하나 꺼내며 말했다.

"자 이 말씀에는 강 이름이 네 개가 나오지? 그런데 첫째 강과 둘째 강은 지금 존재하지 않는다네. 사실은 실제로 존재하지 않는지, 아니면 존재하는데 그 이름으로 불리지 않는지는 모른다네. 아무튼 이 두 강은 모르는 상태지. 그러나 셋째 강과 넷째 강

은 지금도 그대로 그 이름이 불리고 있네. 바로 티그리스 강과 유프라테스 강이지. 그럼 에덴동산의 위치는 어디겠는가?"

"이 두 강의 상류 쪽이겠는데요."

"맞아. 그래서 두 강의 위쪽 어디쯤일 것으로 여겨지네. 사람들은 에덴동산에서 살았다네. 이때는 물층이 지구를 감싸고 있었기 때문에 기후가 어떻게 됐겠는가?"

"따뜻하고 온화한 기후였을 것 같습니다."

"그래. 그럼 밤은 어떻겠는가? 대기권으로만 돼 있는 지금과 같을까? 다를까?"

"그거야 다르겠지요. 지금보다는 낮과 밤의 온도 차이가 안 났을 것 같은데요?"

"그렇지. 우리 여름밤에 가끔 열대야 현상이 나타나지? 그 현상이 왜 일어나는지 아는가? 수증기 때문이야. 더운 낮에 수증기가 증발해서 대기 중에 있다가 낮의 더운 열기를 그 수증기가 흡수하지. 그리고 밤에 수증기가 그 열을 다시 지구로 뿜어내는 거야. 그래서 낮과 밤의 온도가 차이가 안 나는 거야. 지구를 물층이 감싸면 그런 현상이 나타날 수 있는 거지."

"그렇겠네요. 그럼 무척 더운 기후였겠는데요?"

"그건 아니지. 지금 대기권으로만 돼 있는 현재 지구의 여름은 뜨거운 태양열이 직사광선으로 비치는 상황이니까 무덥고, 그래서 가끔 있는 열대야 현상도 더운 거지. 그러나 물층이 감싸고 있는 지구는 뜨겁지도 않고, 온화한 상태였을 것이라고 봐야 해. 그리고 낮과 밤의 온도 차이도 별로 없었을 것이고. 그런 기후를 짐작하게 만드는 단서가 하나 있지. 여기를 읽어보게나."

> 아담과 그의 아내는 벌거벗었지만, 부끄러워하지 않았습니다(창세기 2:25).

"에덴동산에서 아담과 하와는 옷을 입지 않았다네. 여기서는 부끄럽지 않았다고 돼 있지만, 우리가 더 중요하게 생각할 내용이 뭐라고 생각하는가?"
"온도 같은데요?"
"맞아. 물층이 감싸고 있던 과거의 지구에서는 옷을 입지 않아도 될 만큼 낮과 밤의 온도 차이가 없이 항상 따뜻했다고 볼 수 있지. 그러다가 사람들이 하나님의 명령을 어기고 이 에덴동산에서 쫓겨났다네. 자네 선악과라고 들어봤나?"
"예, 들어는 봤는데 그 의미는 잘 모릅니다."
"그렇겠지. 하나님은 에덴동산 중앙에 선악과를 나게 하셨네. 이 나무의 의미는 선과 악의 중앙선과 같다네. 그러니까 이 나무의 열매를 먹으면 악으로 넘어가는 것이고, 이 열매를 먹지 않으면 선에 그냥 있는 것이지. 하나님은 이 선악과로 사람들이 하나님의 명령을 그대로 지키는지 아닌지를 확인하고 싶으셨다네. 그리고 하나님이 정하신 선의 영역에서 살기를 바라시는 마음으로 먹으면 죽는다고 가르쳐 주셨다네. 그러나 사람들의 호기심이 발동했지. 물론 악한 사탄이 사람의 호기심을 자극했지만, 결국 선택은 사람이 했지. 중앙선을 넘어 선악과를 먹은 거야. 왜 사람들은 가지 말라면 꼭 가보는 사람이 있잖은가. 그런 것이지. 그래서 하나님은 순종하지 않은 사람들을 에덴동산에서 내쫓았다네. 이것은 하나님이 악한 분이라서가 아니라 처음에 그렇게 사람들과 약속을 했기 때문에 하나님도 그 약속을 지킬 수밖에 없었던 거야."

"그래서 사람들은 어떻게 됐는데요?"

"여기를 또 읽어보게."

> 그래서 여호와 하나님께서는 아담과 그의 아내를 에덴 동산에서 쫓아 내셨습니다. 그리고 그가 나온 근원인 땅을 열심히 갈게 하셨습니다. 이와 같이 하나님께서는 그 사람을 쫓아 내신 뒤에 에덴 동산 동쪽에 천사들을 세우시고 사방을 돌며 칼날같이 타오르는 불꽃을 두시고, 생명나무를 지키게 하셨습니다(창세기 3:23-24).

"하나님은 에덴동산에서 그들을 쫓아내셨어. 그리고 에덴동산 동쪽에 불꽃을 세우고 천사들에게 지키게 하신 것으로 보면, 사람들이 어디로 갔을 것 같은가?"

"동쪽이겠지요."

"그래, 동쪽이야. 다시 이 지도에서 동쪽이면 어디를 말하는 것인가?"

박 교수는 에덴동산의 위치를 가르쳐주는 지도를 보여 주며 물었다. 그러자 우인은 지도를 보고 대답했다.

"티그리스 강과 유프라테스 강 쪽으로 갔을 것 같은데요? 땅을 갈고, 농사를 지으려면 강 하류 지역이 좋잖아요."

"그랬겠지. 자, 사람들은 이 두 강 사이에서 살았을 것이네. 강이 하나만 있어도 살기 좋은데 두 강 사이면 얼마나 좋겠는가. 그래서 이 두 강 사이 지역을 '메소포타미아'라고 부르는 것일세."

"여기가 인류 최초의 문명이 발생한 메소포타미아인가요?"

"지역은 맞지만, 최초의 문명에 대해서는 나중에 따로 이야기하세. 사람들이 이곳에서 살면서 문명을 이루고 살았다네. 여기를 읽어보게나."

> 가인이 자기 아내와 잠자리를 같이하니, 아내가 임신을 하여 에녹을 낳았습니다. 그 때에 가인은 성을 쌓고 있었는데, 가인은 자기 아들의 이름을 따서 그 성을 에녹이라고 불렀습니다. 에녹은 이랏을 낳고, 이랏은 므후야엘을 낳고, 므후야엘은 므드사엘을 낳고, 므드사엘은 라멕을 낳았습니다. 라멕은 두 아내를 얻었습니다. 한 아내의 이름은 아다이고, 다른 아내의 이름은 씰라입니다. 아다는 야발을 낳았습니다. 야발은 장막에 살면서 짐승을 치는 사람의 조상이 되었습니다. 야발의 동생은 유발인데, 그는 수금을 켜고 퉁소를 부는 사람들의 조상이 되었습니다. 씰라는 두발가인을 낳았습니다. 두발가인은 구리와 철 연장을 만들었습니다. 두발가인의 누이는 나아마입니다(창세기 4:17-21).

"가인은 최초의 사람인 아담과 하와의 아들일세. 그리고 그 가인은 메소포타미아 지역에 도시를 세우고, 자녀를 낳고 번성했지. 그 자손들은 그곳에서 살면서 문명을 이루었다네. 여기 구리와 철 연장을 만들었다는 것을 보면 이 시대가 무슨 시대 같은가?"

"철기시대 같은데요?"

"우리가 학교에서 배울 때는 사람이 오랜 세월 지나오면서 구석기, 신석기, 청동기시대, 철기시대로 발전해 왔다고 배웠는데, 그것은 원숭이에게서 사람으로 진화했다는 진화론적 사고의 결과라네. 두뇌의 역량이 원숭이에서 점점 사람으로 변화되었을 것이라는 가정을 하기 때문에 오랜 세월 동안 그런 과정을 거쳤다고 추론하는 거지. 그러나 성경에 의하면 사람은 처음부터 사람이야. 그리고 처음부터 사람은 연구하는 두뇌를 가지고 새로운 것을 만들고, 사회를 이루며 살았다네. 그러니까 구석기, 신석기가 오래되지 않았겠지. 아무튼 이때는 철기시대였다네."

박 교수는 또 성경을 찾아서 우인에게 보여 주면서 말했다.

"자, 여기를 읽어보게나."

이 때에 땅 위의 사람들은 하나님께 악을 행하였고, 온 땅에는 폭력이 가득 찼습니다. 하나님께서는 사람들의 타락함을 보셨습니다. 즉 모든 사람들이 땅 위에서 하나님의 길을 더럽힌 것입니다. 하나님께서 노아에게 말씀하셨습니다. 사람들이 땅을 폭력으로 가득 채웠다. 그래서 나는 땅 위의 모든 사람들을 땅과 함께 다 쓸어버리겠다. 너는 잣나무로 배를 만들어라. 그 안에 방들을 만들고, 안과 밖에 역청을 칠하여라(창세기 6:11-14).

"문명이 발달할수록 사람들이 악하게 사는 거야. 그래서 하나님은 사람들을 물로 쓸어버릴 생각을 하셨어. 그래서 노아에게 배를 만들라고 하셨네. 그리고 노아는 배를 만들고, 가족들을 피하게 했는데, 그때 배를 탄 노아의 가족들은 노아 부부, 그리고 3명의 아들과 며느리를 합해서 모두 총 8명이었어. 그리고 이어서 두 번째 가설처럼 하늘의 물층이 무너져 비로 내리고, 땅 속에서는 맨틀층이 터져서 화산 활동과 지진이 일어났지."

"그러니까 나무와 동물들만 대홍수와 대지진을 만난 것이 아니었네요."

"그렇지. 자네가 생각하는 대로 물층의 붕괴로 온도가 떨어진 북극과 남극에서는 비가 눈으로 내려 빙하가 됐을 것이고, 나무들은 대홍수와 대지진으로 석탄이 되었겠지. 그리고 동물들은 석유가 되었겠지. 그런데 말야, 석탄과 석유는 매장지역이 좀 달랐지?"

"예, 제가 궁금한 것이 바로 그것이었습니다. 석탄은 대륙별로 골고루 매장되었는데, 석유는 왜 중동지역에만 많이 매장되었을까요?"

"아직도 모르겠나? 벌써 답이 나왔는데."

박 교수는 빙그레 웃으면서 우인을 바라보았다. 우인은 언제 답이 나왔냐는 듯이 멀뚱멀뚱 박 교수만 쳐다보고 있었다.

"우인 군, 내 설명을 들으면서도 항상 과학적으로 사고를 하게. 모든 사건은 연결되어 있다는 사실을 명심하고. 하나의 단서는 다른 단서의 원인이 되기도 하고, 결과가 되기도 한다네. 이해하겠나? 그래서 통합적인 사고를 하라고 하는 거야."

우인은 교수님이 설명하는 대로 그림을 그려간다고는 했는데 자신이 놓친 것이 있다는 생각에 부끄러움이 느껴졌다. 하지만 지금 그런 감정을 따질 때가 아니었다.

'내가 놓친 것이 무엇일까?'

고민하는 우인을 바라보던 박 교수는 세계지도를 보여주면서 말했다.

"자, 이 지도에 내가 말하는 것을 직접 표시해 보게. 지금은 5대양 6대주로 된 지도지만, 자네는 모든 대륙이 하나의 땅덩어리라고 생각하고 이 지도를 봐야 하네. 알았지?"

"예, 뭘 표시할까요?"

"먼저 나무들이 있을 만한 곳에 사선을 많이 그어 보게."

우인은 주로 산맥이 있는 지역들에 사선을 그렸다.

"그리고 동물들이 있을 만한 곳에 작은 동그라미를 그려보게."

우인은 또 강가의 넓은 초원이 있을 만한 곳들에 작은 동그라미를 그려 넣었다.

"마지막으로 이 당시에 사람이 많이 살았던 지역에 별표를 그려 넣어보게."

우인은 티그리스 강과 유프라테스 강 지역에 별표를 그리다가 갑자기 멋쩍은 웃음을 웃기 시작했다. 마치 시험을 보고 답을 맞춰 보다가 어이없게 틀린 문제를 발견한 학생처럼.

"자, 그 지도 위에 집중 호우가 쏟아지고, 땅에서는 곳곳마다 화산 폭발과 지진이 일어났다고 상상해 보게. 이제 석유가 왜 넓은 다른 대륙보다 좁은 중동지역에서 그렇게 많이 매장된지 알겠는가?"

"예, 확실히 알았습니다. 동물들만 생각하니까 답이 나오지 않았는데, 이제 확실히 알겠습니다. 티그리스 강과 유프라테스 강 지역에 많은 사람들이 살았고, 집중 호우에 그 사람들이 강 하류로 다 쓸려 내려가면서 지진이 나는 곳으로 빨려들어갔겠지요. 정말 놀라운데요?"

"벌써 놀라는가? 아직 많이 남았는데. 자네 석탄 속에서 쇠단지 나왔던 것 기억하나?"

"예, 기억합니다. 그때는 좀 황당했는데, 이제 이해가 갑니다. 이때가 철기시대였으니까 가능한 단서지요. 정말 대단한데요?"

"오늘은 여기까지 하세. 내가 수업에 들어갈 시간이야. 그리고 오늘 숙제는 세계 4대 문명에 대해 의문점을 찾고, 그에 맞는 해답을 찾아오는 것이네. 알았지?"

"예, 알겠습니다. 교수님 감사합니다."

우인은 연구실을 나와서 교정을 걷다가 벤치에 앉아 다시 한 번 오늘의 대화를 정리했다.

'어떻게 이렇게 퍼즐처럼 딱딱 들어맞을까? 정말 신기하다.'

우인은 너무 신기해서 세상이 달리 보일 정도였다. 눈에 보이는 모든 것이 전에는 다 단편적으로만 보였는데, 이제는 모든 것이 서로 연결된 것처럼 보였다.

열일곱 번째 이야기

충격

전동차를 기다리면서 우인은 준수가 해답을 기다릴 것이라는 생각을 하고, 전화를 걸었다.

"당신은 사랑받기 위해 태어난 사람 당신의 삶 속에서 그 사랑 받고 있지요."

우인은 컬러링을 들으면서 이 노래가 참 좋다는 생각이 들었다. 내가 너를 사랑한다고 말하는 가사는 많이 들어봤어도, 그냥 당신은 사랑받기 위해 태어난 사람이라고 말해주는 가사는 없었기 때문이다. 누군가를 위해 이런 격려와 사랑의 말을 해준다는 것은 마음이 따뜻한 사람이 아니고는 불가능한 일이라는 생각이 들었다. 그러면서 이 노래가 궁금해지기 시작했다. 그때 준수의 목소리가 들렸다.

"어, 우인아."

"선배? 지금 이 컬러링 제목이 뭐야?"

"컬러링? 왜 갑자기 컬러링을 묻니?"

"가사가 좋은 것 같아서. 가수가 누구야? 어떤 CF에서 들은 것 같긴 한데."

"응, 이건 교회에서 부르는 CCM이야."

"CCM? CCM이 뭔데?"

" 'Contemporary Christian Music' 이라고 해서, 요즘 교회에서 부르는 찬송가를 말하는 거야. 이 노래 좋으면 내가 컬러링으로 해줄까?"

"아냐, 그냥 가사가 좋다는 거지. 지금 나 교수님 만나고 왔는데."

"어 그래? 그럼 좀 있다가 통화하자. 내가 지금 바쁘니까 좀 있다 전화할게."

"그래, 알았어."

그때 막 전동차가 왔다. 우인은 전철을 타면서 자신이 너무 좁은 세상을 살아왔다는 생각이 들었다. 좁은 인간관계, 좁은 관심, 좁은 생각들. 더 넓은 세상을 모를 때는 자신이 좁다는 생각을 하지 못했지만, 새로운 것들과 더 넓은 세상을 알아가면서는 자신의 부족함을 절실히 깨닫게 된 것이다. 그저 내 생각, 내 계획, 내 관심, 내 진로만을 생각하던 우인은 이제 자기라는 틀을 벗어나 객관적으로 존재하는 세상에 눈을 뜨기 시작한 것이다. 자기가 사는 지구를 알고, 세상을 알고, 자기가 상대하는 타인을 알면서 비로소 소중한 자신이 되는 것이다. 무조건 자기만 안다면 그것은 동물처럼 생존이 목표인 사람이지, 진정으로 인간다운 삶을 살고 있다고 할 수는 없을 것이다.

집에 도착할 때쯤 전화벨이 울렸다. 준수였다.

"응, 선배."

"늦어서 미안하다. 큰 사건이 하나 터져서 다들 정신이 없네."

"응, 다른 게 아니라 석유 문제 해결되었다고 전화한 거야."

"어떻게?"

"과거의 지구와 물층이 무너지는 사건 사이에 시간적인 차이가 있대. 그리고 그 기간 동안에 지구에는 많은 사람들이 살고 있었고. 에덴동산에 대해서는 알아?"

"그럼 알지. 교회 다닐 때에 얼마나 많이 들었는데. 거기서 사람들이 살았지."

"그럼 에덴동산이 어디에 있었는지도 알아?"

"정확히 그 장소가 어디에 있었는지는 모르는데. 아마 아무도 모를걸?"

"교회를 다녔다면서 왜 그렇게 모르는 게 많아. 모르면 물어보고, 연구라도 해야지. 날라리 신자 맞다니까."

"하하, 구박 좀 그만 하고, 빨리 말해 봐."

"에덴동산에서 흐르는 강이 네 개가 있었는데, 두 개는 현재 모르고, 나머지 두 개는 티그리스 강과 유프라테스 강이래. 그런데 사람들이 에덴동산에서 선악과를 먹고, 하나님께 쫓겨나서 동쪽으로 갔대. 지도를 보니까 동쪽이 티그리스 강과 유프라테스 강이 있는 곳이더라고. 이곳을 메소포타미아라고 한대. 그리고 사람들이 이곳에서 번성하며 살다가 죄를 많이 지었대. 그래서 하나님이 물로 싹 쓸어버리겠다고 해서 노아에게 배를 만들라고 하고, 물층을 터뜨리고, 땅에서는 화산 폭발이 일어나게 했대. 내 말 듣고 있어?"

"듣고 있어. 그래서 다른 지역보다 그 지역에 사람들이 많이 살고 있었고, 대홍수와 대지진이 일어나서 결국 석유가 많이 매장된 것이라는 말이군. 그렇지?"

"선배는 어때? 이 추론이 맞는 것 같아?"

"정말 이런 내용이 성경에 나온다고 하셨니?"

"응, 나한테 성경을 찾아서 읽어보라고 하시던데. 그래서 읽어보니까 정말 그런 내용이 있더라고. 물론 모든 장면이 다 나온 것은 아니고, 중요한 사건 중심으로만 기록이 되어 있더라고. 사람들이 살던 지역, 그리고 구리와 철기를 사용했다는 것도 다 있더라고."

준수는 잠시 말이 없었다. 조금 충격을 받은 것처럼 느껴졌다.

"내가 성경을 읽어봐야겠다. 이 정도면 그냥 무시할 내용이 아닌 것 같아. 우인아, 나중에 다시 통화하자. 알았지? 끊는다."

"그래."

서둘러서 전화를 끊는 준수가 마음에 조금 걸렸지만, 우인은 곧바로 오늘 숙제를 떠올렸다.

'세계 4대 문명이라면 고등학교 때에 세계사 시간에 배운 것인데, 무슨 의문점을 찾으라는 것일까? 역사가 잘못되었다는 이야기인가?

우인은 집에 들어오자마자 인터넷으로 세계 4대 문명을 검색했다. 그랬더니 이런 자료가 있었다.

	문 명	발생연대	발생 지역	근원지 강이름
1	메소포타미아 문명	BC 4000	메소포타미아	유프라테스 강 티그리스 강
2	이집트 문명	BC 3000	이집트	나일 강
3	인더스 문명	BC 2500	인도	인더스 강
4	황하 문명	BC 2000	중국	황하 강

'여기서 무슨 의문점을 찾으라는 말일까? 의문점이라…….'
우인은 이미 알고 있는 자료이다 보니까 의문점을 찾기가 어려웠다. 이미 과학적인 사실이라고 머릿속으로 받아들였기 때문일 것이다. 그래서 우인은 '왜?'라는 질문을 던져 보기로 했다. 그랬더니 여러 가지 의문점이 보이기 시작했다.
'왜 메소포타미아에서 제일 먼저 문명이 발달했을까? 다른 지역도 많은데 왜 하필 메소포타미아일까? 그리고 왜 최초의 문명 연대가 BC 4,000년밖에 안 될까? 인간은 몇만 년 전에 살았다면서 왜 그전의 문명에 대한 자료는 없을까? 사람들이 살면서 사용한 문명 이기들이 조금씩 발견되다가 어느 시점에서 많아져야 하는 것 아닌가? 왜 그전의 것은 없고, BC 4,000년 때부터 발견되는 것일까? 또 왜 이집트 문명이 두 번째가 되었을까? 그냥 우연이었을까?

우인은 의문점들이 몇 가지 생기자 해답을 찾기 시작했다. 그러나 여기저기 관련된 책을 찾고, 인터넷 검색을 아무리 해봐도 거의 모든 내용이 문명에 대한 설명일 뿐이지, 의문점에 대한 해답은 없었다.

'역시 사람들은 결과만 알 뿐이야. 어떻게 과거의 역사를 누가 정확히 알 수가 있겠어.'

우인은 해답 찾는 일을 포기하기로 마음 먹었다. 그리고 나니 마음이 한결 편해졌다. 그리고 준수가 궁금해졌다.

'아까 전화를 짧게 끊었는데, 내가 너무 날라리라고 놀린 것은 아닐까?'

시계를 보니 저녁 9시쯤 되었다. 그래서 우인은 준수에게 전화를 했다.

"당신은 사랑받기 위해 태어난 사람, 당신의 삶 속에서 그 사랑 받고 있지요. 당신은 사랑받기 위해 태어난 사람, 당신의 삶 속에서 그 사랑 받고 있지요. 태초부터 시작된 하나님의 사랑은 우리의 만남을 통해 열매를 맺고 당신이 이 세상에 존재함으로 인해 우리에겐 얼마나 큰 기쁨이 되는지. 당신은 사랑받기 위해 태어난 사람, 당신의 삶 속에서 그 사랑 받고 있지요. 당신은 사랑받기 위해 태어난 사람, 당신의 삶 속에서 그 사랑 받고 있지요."

우인은 자기도 모르게 컬러링을 속으로 따라 부르고 있었다.

그러다가 "태초부터 시작된 하나님의 사랑은 우리의 만남을 통해 열매를 맺고 당신이 이 세상에 존재함으로 인해 우리에겐 얼마나 큰 기쁨이 되는지"라는 가사가 나올 때는 가만히 듣고 있었다. 노랫말이 이상하게 끌렸다. 마치 자신을 위해 결정된 뭔가가 있는 것처럼 느껴졌다. 마음이 끌리는 이상한 느낌을 처음 느꼈다. 그때 준수의 목소리가 들렸다.

"응, 우인아."

"전화를 늦게 받는 걸 보니 바쁜가 보네. 나중에 다시 통화할까?"

"아냐, 괜찮아. 이제 다 읽었다."

"뭘 읽어?"

"성경."

"웬일이야, 성경을 다 읽고."

"네 말이 맞았어."

"무슨 말이?"

"날라리 신자라는 말."

"선배답지 않게 왜 그래? 농담한 걸 가지고."

"아냐, 네가 말해 준 이야기들을 종합해 보면서 성경을 읽어보니까 난 날라리 신자였어. 내가 성경을 잘 몰랐다."

"뭘 몰랐다는 거야?"

"그 가설들 말야. 난 성경에 그런 내용들이 있는지도 몰랐어. 그런데 지금 읽어보니까 하나의 흐름을 가지고 이야기가 전개되는데, 정말 신기하게 단서들이 다 설명이 되더라. 빙하 밑에 있던 풀들이며, 사막 밑에 있던 강과 수풀들, 그리고 빙하가 어떻게 북극과 남극에 생겼으며, 빙하와 해수면의 차이, 그리고 전세계에 매장된 석탄의 비밀, 특히 중동지역에서만 많이 매장된 석유도 다 설명이 되더라. 과학으로 풀지 못하던 비밀들을 성경이 이렇게 쉽게 풀다니. 정말 놀라운 일이다. 온몸에 소름이 돋을 정도야."

준수는 성경을 읽으면서 그림이 그려졌다. 마치 영화를 보는 것처럼 읽는 내용대로 지구의 과거 모습이 보였고, 노아의 홍수가 보였고, 홍수 후에 어떤 일들이 벌어졌는지 보였던 것이다. 그리고 지금 우인에게 말하는 것이 아니라 마치 놀라서 독백을 하고 있는 것처럼 중얼거렸다.

"선배, 지금 이상한 거 알아?"

"그래, 난 지금 충격 그 자체다."

"그 정도야? 선배, 왜 그래?"

"사실 나는 어려서부터 교회를 다니며 노아의 홍수 이야기를 많이 들었어. 초등학교 때는 그런 대로 들을 만했는데, 중학교 올라가서 과학 시간에 진화론을 배우면서 성경 이야기들이 동화처럼 느껴졌다. 그러다가 고등학교 때부터는 성경이나 교회가 부끄럽게 느껴졌지. 현대 과학은 놀랍게 발전해 가는데, 교회는 아직도 구닥다리 옛날 이야기나 가르치고 있다는 생각에 교회에 가기 싫더라. 어쩌다 가서 내가 궁금했던 것들을 질문하면 교회 선생님들은 난처해하면서 나를 피했어. 아무도 나의 고민을 해결해 주지 않았고, 나도 서서히 마음이 닫혔지. 그래서 교회를 다니지 않기로 결심한 거야. 그래서 부모님과도 갈등을 겪고, 그러다 결국 군대를 간 것이지."

"그 이야기는 지난번에 해서 알고 있어."

"이번에 네가 지도교수하고 내기를 했다는 이야기를 듣고, 성경에 그런 이야기가 있는지 나도 궁금했다. 사실 큰 기대는 하지 않았지만, 나도 하나님이 확실하게 있는지, 없는지 말할 수가 없었으니까 관심이 가더라. 그리고 네가 말해준 단서들을 생각하고, 자료들을 찾아 보면서 현대 과학의 한계도 참 많다는 것을 느끼게 되었지. 그래서 답답하기도 했고. 그런데 네가 말한 성경의 가설은 그 많은 단서들을 너무 쉽게 설명해 버렸어. 이것은 거의 진범 수준이더라고. 우연의 일치라고 하기엔 개연성이 아주 많아. 성경을 구닥다리 이야기라고 판단하고, 폐기 처분했던 나에겐 너무 큰 충격이다."

"그런 거였어?"

"지금 성경을 읽으면서 내가 날라리 신자였다는 것, 그리고 성경을 잘 모르면서 너무 쉽게 폐기 처분했다는 것을 깨달았다. 그 전에는 성경보다 과학이 더 정확하고 가치 있다고 생각했는데, 이제는 과학과 성경의 가치를 제대로 평가해야 할 때라고 생각했어."

"제대로 평가하다니, 그게 무슨 말야?"

"응, 과학은 무조건 맞고, 성경은 무조건 구닥다리라고 보는 것이 아니라, 과학도 믿을 것은 믿고, 성경도 믿을 것은 믿겠다는 거야."

"그럼 이제 교회에 간다는 거야?"

"응. 그러기로 했다. 이 정도면 성경이 과학보다 더 정확하다고 봐야 할 것 같다. 하나님이 아니고서 이렇게 지구의 과거 모습과 현재의 지구의 모습들을 정확히 기록할 수가 없어. 그래서 하나님은 존재한다고 봐야겠다. 앞으로 더 연구해 봐야겠지만, 이 정도만으로도 충분히 하나님의 존재는 증명된 것 같아."

준수는 굳게 결심한 것처럼 목소리가 차분해지면서 힘이 느껴졌다.

"사실 나도 우연의 일치라고 하기에는 개연성이 아주 많다고 생각해. 신기하기도 하고. 그러나 나는 아직 하나님이 존재한다고 결론을 내리기 어려운데."

"넌 충분히 그럴 수 있어. 그 교수님하고 더 많은 대화를 하면서 더 많은 단서와 자료들을 찾아봐. 그러면 어느 시점에서는 결론이 나겠지."

"하긴, 교수님이 단서들이 많이 남았다고. 그러시던데 그리고 이번에는 세계 4대 문명사에 대해 알아보고, 의문점을 찾고, 해답을 찾아오라고 하셨어."

"세계 4대 문명사? 메소포타미아 문명, 이집트 문명, 이런 거 말야?"

"응."

"그래서 의문점을 찾았니?"

"처음에는 의문점이 뭔지 모르겠더라고. 그래서 왜라는 질문을 자꾸 했더니 몇 가지가 생겼어."

"뭔데?"

"왜 최초의 문명이 메소포타미아에서 시작됐지? 왜 최초의 문명 연대가 BC 4,000년밖에 안 되지? 왜 이집트 문명이 두 번째가 됐지? 뭐 이런 건데."

준수는 가만히 있었다. 또 다시 충격을 받았기 때문이다. 성경을 읽으면서 미처 발견하지 못한 인류의 비밀이 지금 서서히 보이기 시작했다.

"선배? 내 말 듣고 있어?"

"응, 듣고 있어. 그래서 그 의문점의 해답은 찾았어?"

"여러 책이나 인터넷 검색을 해보니까 그런 문명에 대한 설명은 많은데, 왜 그렇게 됐는지에 대해서는 전혀 없더라고. 그래서 생각해 보니까 그럴 만하더라고."

"그럴 만하다니?"

"문명이라는 것은 사람이 한참 살다가 발전하는 거잖아. 그러니까 후대에서는 어디에 무슨 문명이 있었다는 것만 알지, 왜 거기서 시작되었는지를 정확히 모르는 게 당연하잖아. 우리나라도 왜 한반도에서 살게 되었는지 모르니까 단군신화가 생긴 거잖아."

"그래서 해답 찾는 것을 포기했다고?"

"그래야지 뭐. 그걸 어떻게 찾아."

"내가 도와줄까? 난 알 것 같은데."

"선배가 어떻게 알아? 그럼 도와줘 봐."

"우인아, 고맙다. 정말 고맙다."

"도와달라니까, 고맙다니 무슨 말이야?"

"넌 나에게 지금까지 말해 준 가설보다도 더 큰 사실을 지금 알려준 거야. 성경은 정말 장난이 아니구나. 정말 대단해. 성경은 지구의 과거와 현재의 역사만 아는 것이 아니라 인류의 시작도 정확히 알고 있어."

"그럼 세계 4대 문명에 대해서도 성경에 기록이 있다는 말야?"

"물론 있지. 금방 내가 읽었는걸."

"그래? 뭐라고 기록되었는데?"

"미안하지만, 그건 교수님에게 들어라. 아마 너에게 의문점을 찾아오라고 하신 것은 네가 해답을 찾지 못할 것을 알고 숙제를 내주신 걸 거야. 네가 그냥 빈손으로 가야, 교수님이 성경에서 해답을 찾아 주시지. 내가 먼저 알려주면 재미없잖아."

"선배 이러기야? 정말 답답하네. 그런데 정말 성경에 이런 기록이 다 있단 말야?"

"응, 있어. 왜 인류의 최초 문명이 아메리카도 아니고, 유럽도 아니고 메소포타미아에서 시작된 것인지, 그리고 왜 최초의 문명 연대가 진화론에서 말하는 것처럼 몇만 년이 아니라 BC 4,000년 밖에 안 되는지. 그리고 왜 이집트에서 두 번째 문명이 발생했는지 다 있어."

"와, 대단하다. 정말 그렇다면 성경은 선배 말대로 장난 아닌데? 지구를 만들고, 인류의 시작을 다 내려다본 신이 아니고는 그렇게 쓸 수가 없는 거잖아. 정말 하나님은 있어?"

"있는 것 같다. 아니, 확실히 있다. 이 정도면 있다고 인정해야 돼. 그렇지 않으면 그 사람은 성경의 기록과 단서들이 이렇게 정확히 딱딱 맞아떨어지는 이유를 설명해야 돼. 그런데 내가 볼 때, 그 설명이 더 어려울 것 같다. 아니, 불가능해."

"그럼 내가 내기에서 진 거야?"

"아니, 지금 신이 있다고 말한 것은 내 결론이고, 너의 결론은 네가 또 내려야지."

"선배가 내린 결론이 맞다면, 나도 그 결론을 내려야 하는 거 아냐?"

"아니지. 이런 문제는 본인이 충분히 생각하고, 본인의 생각대로 결론을 내려야 해. 아마 교수님도 내기를 했지만, 너의 결론을 존중하실 거야. 아무리 단서들이 정확히 맞아도 인정하지 않으면 어쩔 수 없는 거지. 우리가 수사를 할 때도 그런 경우 많아. 증거들이 분명하게 있는데도 범행을 부인하는 사람들이 많지."

"그런 경우는 어떻게 해? 그냥 풀어 줘?"

"그렇지는 않아. 그런 경우는 재판에 넘겨서 판사가 정확하게 판결을 하는 거지."

"그렇구나."

"우인아, 우리 나중에 다시 통화하자. 나 지금 우리 애인이랑 부모님에게 전화해야겠다."

"응 그래, 또 연락할게."

우인은 준수의 갑작스런 변화가 솔직히 이해가 되지 않았다. 그러나 기뻐하는 준수의 모습이 좋았다. 그리고 갈등하던 가족들과 화해할 것을 생각하니 다행이라고 생각했다.

열여덟 번째 이야기

문명사의 진실

"일어나세요, 일어나세요, 안 일어나? 에이 대포나 한 방 맞아라 빵."

우인은 대포 소리가 울리자마자 잠에서 깨어나 알람을 껐다. 다른 때보다 긴장하고 자서 그런지 잠에서 빨리 깨어나 일어났다. 교수님에게 가서 어제 내주신 숙제도 알아보고, 학교 도서관에 가서 논문을 위한 자료를 마저 찾아보기 위해 아침 일찍 서두르기로 한 것이다.

전철을 타고 가면서 준수가 생각났다.

'어제 애인이랑 부모님들이랑 통화를 했을까? 어떻게 됐을까? 부모님과 애인이 좋아했겠지?'

그때 문자가 왔다는 벨소리가 들렸다. 주머니에서 꺼내 보니 준수의 문자였다.

'부모님이무척좋아하시더라이게다너를만난덕이다고맙다.'

우인은 문자를 보고 기뻤다. 늘 흑기사처럼 자신을 위해 나서 주는 준수에게 자기도 뭔가 도움이 되었다는 생각에 기뻤다. 그리고 이렇게 답장을 보냈다.

'선배가좋아하니까나도좋네그럼오늘도수고해.'

우인은 처음 지도교수를 만나러 갈 때가 생각났다. 논문을 잘, 그리고 빨리 써야 한다는 생각을 하면서 갔는데, 지금은 논문이 아니라 다른 일에 더 신경을 쓰고 있는 자신이 이상하게 느껴졌다. 다른 일에 신경을 쓰면서도 왠지 느긋하고, 조급해지지 않았기 때문이다.

"똑똑똑."
"들어와요."
"교수님, 저 왔습니다."
"우인 군, 어쩐 일이야? 나는 며칠 더 있다 올 줄 알았는데."
"도서관에 오는 길에 들렀습니다. 바쁘세요?"
"응, 학부 학생들 리포트를 점검하고 있었거든. 잠깐 시간 되네. 왜? 할 말이 있는가?"
"어제 내주신 숙제 때문에요."
"왜? 너무 어렵던가?"
"의문점은 몇 가지 생각해 봤는데, 해답은 찾지를 못했습니다."
"그래? 그럼 어떤 의문점을 가졌는지 한 번 들어볼까?"

박 교수는 책상 위에 있던 성경을 가지고 우인이 가까이 와서 앉았다.

"먼저 많고 많은 지역 중에 왜 메소포타미아에서 첫 문명이 탄생했을까? 그리고 인간이 몇만 년 전부터 살았다고 하는데, 그전의 문명의 흔적은 없고, 왜 최초의 문명 연대가 BC 4,000년밖에 안 될까? 그리고 왜 이집트 문명이 다음 문명 발생지가 되었을까? 이 정도입니다."

"음, 좋아. 당연하게 여기는 것들에서 이렇게 의문점을 찾아내는 것은 연구하는 사람에게 아주 중요한 자세네. 그런데 그 의문점에 대해서 해답을 왜 찾지 못했다고 생각하는가?"

"글쎄요, 제가 잘 몰라서 그러겠지요."

우인은 자신 없는 말투로 말꼬리를 흐렸다. 또 자신의 자세에 대해서 나무라시지는 않을까 하는 염려 때문이었다.

"자네 탓이 아니야. 이 의문점은 그 누구도 풀 수 없다네."

"예? 그럼 교수님도 모르세요?"

"생각해 보게. 지구상에 최초의 사람들이 왜 하필 거기에서 살았는지를 누가 알겠는가? 그때 사람들이 기록해 놓았다면 모를까? 그런데 그런 기록들이 있는가? 단지 메소포타미아 지역이 비옥하니까 사람들이 모여서 문명이 발달했을 것이라고 추측할 뿐이지. 그러나 사실 비옥한 지역은 지구상에도 많이 있네. 이집트의 나일 강 하류 지역도 대단히 비옥한 땅이잖아."

"그러면 교수님은 이 의문점을 어떻게 해결하시려고 하세요?"

"간단하지. 신이 정말 있다면, 이런 것쯤은 쉽게 알지 않겠나?"

"그렇겠지요. 신은 모든 것을 알아야지요. 모든 것이 생기기 전의 모습도 알아야 하고, 인류 최초의 모습도 인간은 모르지만, 신은 알아야지요."

"그래. 성경이 정말 하나님이 기록한 책이고, 그 하나님이 정말 신이라면 자네의 의문점을 풀어 줄 수 있겠나, 없겠나?"

"당연히 풀 수 있어야 한다고 봅니다."

"좋아, 그럼 풀어 줄 수 있는지 없는지 한 번 찾아보게. 여기를 읽어보게나."

박 교수는 성경을 찾아서 읽어보라고 우인에게 보여주었다.

> 땅 속의 샘들과 하늘의 창들이 닫혔습니다. 하늘에서 내리던 비도 그쳤습니다. 땅에서 물이 점점 빠져 나갔습니다. 백오십 일이 지나자, 물이 많이 줄어들었습니다. 그 해의 일곱째 달 십칠 일에, 배가 아라랏 산에 걸려 머무르게 되었습니다(창세기 8:2-4).

"물층이 무너져 내린 비는 온대지역에 대홍수를 일으켰지. 그리고 백오십 일, 즉 5개월이 지나자 그 홍수 물들이 빠져나갔네. 자네는 이 물들이 어디로 빠져나갔다고 생각하나?"

"바다로 가지 않았을까요?"

"바다로? 5개월 동안? 여름에 한강에 홍수가 나면 몇 개월 동안에 걸쳐서 바다로 빠져나가던가?"

"그렇게 말씀하시니까 아닌 것 같은데요. 잘 모르겠습니다."

"자, 차근차근 생각해 보세. 물층이 무너진 지구는 온도 차이가 생겼겠지. 맞지? 그럼 북극과 남극에는 물층이 무너져 내릴 때 생긴 빙하가 그대로 있었겠지. 그리고 다른 지역은 대홍수로 덮였겠지. 그럼 그 홍수물 위에 태양열이 비쳤겠지. 그리고 무엇이 생겼겠는가?"

"구름이 생겼을 것 같은데요."

"맞아. 그럼 구름만 생겼을까?"

우인은 가만히 있었다. 구름 이외에는 아무것도 생각나지 않았기 때문이다.

"자네 바람이나 태풍이 왜 생기는지 모르는 모양이군. 바람은 기압차 때문에 생기고, 기압차는 태양열 때문에 생기는 것이라네. 공기가 뜨거워지면 그 공기는 하늘로 올라가네. 그럼 하늘에 있던 공기는 어떻게 하겠는가? 밀려나겠지. 공기들이 그렇게 이동하는 것이 바람이야. 그럼 뜨거운 태양열로 구름도 생기고, 바람도 생기면 그것이 뭔가?"

"태풍 아닙니까?"

"그럼 그 태풍은 어디서 생겨서 어디로 가는가?"

"적도 지역의 바다에서 생겨서 고위도 지역으로 이동합니다."

"그래. 수많은 수증기를 흡수하고, 비구름이 되어서 고위도 지역에 비를 뿌리지. 북극과 남극 지역에서는 그 비가 무엇이 되었겠는가?"

"눈이요."

박 교수는 성경을 찾아서 우인에게 읽어 보라고 보여 주었다.

> 하지만 하나님께서는 노아와, 그와 함께 배 안에 있던 모든 들짐승, 가축을 기억하셨습니다. 하나님께서는 땅 위에 바람이 불게 하셨습니다. 그러자 물이 점점 줄어들었습니다(창세기 8:1).

"과학적인 전문지식이 없으면 왜 바람이 불었는지, 바람이 부는데 왜 물이 점점 줄어들었는지를 모르지. 그러나 과학적으로 보면 단어와 단어 사이에 어떤 일이 벌어졌는지 다 보인다네. 알겠는가?"

"예, 보입니다. 정말 신기합니다."

"이렇게 해서 5개월 동안 서서히 홍수는 비구름이 되었다가, 빙하 지역에 차곡차곡 쌓인 거야. 그래서 홍수 물은 점점 줄어들고, 남극의 대륙 빙하는 3,000m로 높아진 거야. 물론 홍수 물이 다 비구름이 되어서 빙하로 변했다는 것은 아니네. 대부분이 바다에 남아서 해수면을 상승시켰겠지. 석유가 주로 어디에서 발견되는가?"

"바닷속 200m 지점인 대륙붕이라고 알고 있는데요?"

"그래. 그럼 석유로 변한 동물들의 사체들이 200m 지점까지 잠수를 해 들어가서 그곳에서 땅 속에 파묻혔다고 생각하나?"

"그건 불가능할 것 같은데요."

"불가능하겠지? 그럼 가능한 해석은 뭘까? 처음의 해수면은 지금의 높이가 아니라 대륙붕 지역 그러니까 지금보다 200m 낮았다고 볼 수 있다는 거지. 대홍수가 점점 진행되면서 해수면이 지금처럼 상승한 거야. 결론은 물층의 강수량은 해수면을 200m 상승시킬 수 있는 양이고, 거기에 빙하가 녹으면 해수면이 상승될 수 있다는 60m를 합하면 된다네. 그러니까 물층은 해수면을 260m 상승시킬 수 있는 양이라는 결론이 되는 거지. 그 양을 40일로 나누면 하루에 약 5-6m의 비가 내렸겠지. 그 정도의 비라면 하루 만에 지구상에 존재하는 모든 생명체들은 죽어서 강으로 떠내려갔겠지. 그래서 지금의 대륙붕 지역에 매장된 것이고. 이해가 되나?"

"예, 충분히 이해됩니다."

"자, 그럼 여기를 한 번 읽어보게."

> 땅이 있는 한, 심고 거두는 일, 추위와 더위, 여름과 겨울, 낮과 밤이 그치지 않을 것이다(창세기 8:22).

"성경에 추위와 더위, 여름과 겨울이라는 단어가 처음 나온 곳이 여긴데, 중요한 것은 노아의 홍수 기록이 있는 7장 다음에 이 구절이 나왔다는 거야. 무슨 말인지 이해하나? 물층이 사라지면서 지구에 온도 편차가 생기게 되고, 그러면서 더위와 추위 그리고 여름과 겨울이 생겼다는 것을 입증해 주는 구절이라는 거야."

"그렇게 설명해 주시니까 홍수 물이 어디로 사라졌는지, 왜 5개월이나 걸렸는지, 북극이나 남극의 빙하가 어떻게 생겼는지, 그리고 왜 그렇게 높은지 이해가 됩니다. 대단한데요?"

"자, 그렇게 홍수 물은 서서히 빠지고 노아가 만든 배는 둥둥 떠다니다가 아라랏 산에 머물게 됐다고 성경은 기록했네."

박 교수는 파란색 파일에서 지도와 사진을 꺼내서 우인에게 보여 주었다.

"이 산이 바로 아라랏 산일세. 터키의 북동쪽에 위치한 해발 5,165m의 높은 산이지. 오른쪽이 정상이고, 왼쪽에 작은 봉우리가 있지? 이 사이에 움푹 파인 부근에 노아의 방주가 있다고 전해지네."

"교수님, 노아의 방주가 이렇게 높은 산 위에 내려앉았다는 이야기인데. 물층에서 비가 아무리 많이 와도 이렇게 높은 산까지 정말 물에 잠겼을까요?"

"좋은 질문이네. 이것 때문에 노아의 방주 진위 여부에 대해 의심하는 사람들이 많은데, 두 가지 예상을 해 볼 수 있네. 첫째는 정말 이 높은 산이 물에 잠겼을 수도 있네. 그렇다면 물층의 총강수량이 앞서 계산한 200m보다 더 많았다고 봐야겠지. 그리고 둘째는 노아의 홍수 당시에 일어난 지각변동에 의해 원래는 낮았던 아라랏 산이 융기하면서 노아의 방주가 자연스럽게 산 위에 머물게 되었을 수도 있네. 실제로 높은 산 중에서 정상 표면적이 가장 넓은 산이 이 아라랏 산이라네. 보통 에베레스트같이 높은 산들은 정상이 다 뾰족하잖아. 그래서 나는 후자 쪽에 무게를 둔다네. 왜냐하면 홍수와 지각변동은 동시에 이루어진 것이니까 충분히 그럴 수 있다고 생각하네. 홍수가 와서 방주는 둥둥 떠다니고, 화산 활동으로 산은 융기를 했겠지. 그러면서 우연히 아라랏 산 위에 떠 있던 노아의 방주는 아라랏 산 정상에 내려앉게 된 것이지. 지금은 아라랏 산 정상이 빙하에 덮여서 모르지만, 화산 활동으로 형성된 산이기에 정상이 그렇게 백두산 천지처럼 넓게 움푹 파인 것이 아니겠는가? 아무튼 빙하가 녹으면 서서히 밝혀지겠지."

"우연의 일치로 방주와 융기되는 지점이 맞아 떨어졌다는 말씀이시지요?"

"자네는 좀 억지스럽다고 느끼지? 분명히 그렇게 생각할 수 있네. 그러면 자네 염호(鹽湖)라고 들어봤나?"

"바닷물처럼 짠 호수를 말하는 것 아닌가요?"

"맞아. 그런데 터키 동부에 위치한 만호는 해발 1,700m에 있고, 이란의 우르미아 호수는 해발 1,470m고, 안데스 산맥에 위치한 티티카카 호수는 해발 3,800m에 위치해 있다네. 다 염호야. 왜 그럴까? 둘 중에 하나겠지. 바닷물이 이렇게 높은 산 위를 덮쳤던지 아니면 바닷물에 잠겨 있던 산들이 화산 활동으로 융기되었던지. 자네는 어느 쪽에 무게를 두겠는가?"

"후자 쪽이 더 가능성이 있겠는데요? 아무래도 화산 활동이 활발했다면 융기 현상은 많았을 것 같습니다."

"나도 그렇게 생각하네. 아무튼 일단 노아의 방주에 대해서는 나중에 이야기하고, 여기서는 지금 그 아라랏 산에 노아의 방주가 내렸다고 가정하고, 이야기를 진행해 보세."

"예."

"노아의 방주에서 나온 사람들은 어떻게 했겠는가? 자기들이 살기 좋은 곳으로 이동했겠지. 자네 같으면 어디로 이동했겠는가? 지도를 보고 설명해 보게."

"그거야 당연히 두 강이 있는 메소포타미아 지역이겠지요."

"그래? 그럼 좀 길지만 여기를 읽어보게나."

열여덟 번째 이야기_ 문명사의 진실   219

다음은 노아의 아들들의 족보이다. 노아의 아들은, 셈과 함과 야벳이다. 홍수가 난 뒤에, 그들이 아들들을 낳았다. 야벳의 자손은, 고멜과 마곡과 마대와 야완과 두발과 메섹과 디라스이다. 고멜의 자손은, 아스그나스와 리밧과 도갈마이다. 야완의 자손은, 엘리사와 달시스와 깃딤과 도다님이다. 이들에게서 바닷가 백성들이 지역과 언어와 종족과 부족을 따라서 저마다 갈라져 나갔다. 함의 자손은, 구스와 이집트와 리비아와 가나안이다. 구스의 자손은, 스바와 하윌라와 삽다와 라아마와 삽드가이다. 라아마의 자손은 스바와 드단이다. 구스는 또 니므롯을 낳았다. <u>니므롯은 세상에 처음 나타난 장사</u>이다. 그는 주께서 보시기에도, 힘이 센 사냥꾼이었다. 그래서 "주께서 보시기에도 힘이 센 니므롯과 같은 사냥꾼"이라는 속담까지 생겼다. <u>그가 다스린 나라의 처음 중심지는, 시날 지방 안에 있는 바빌론</u>과 에렉과 악갓과 갈레이다(창세기 10:1-10, 표준새번역).

"여기 밑줄 친 부분 있지? 방주에서 나온 노아의 3명의 아들들은 자녀들을 낳고 여기저기 흩어져 살았는데, 그 중에 니므롯이라는 장사가 태어났다네. 그 사람은 힘이 장사고, 리더십이 있었던 모양이야. 그래서 사람들을 규합해 나라를 세웠는데, 그 나라의 처음 중심지가 시날 지방 안에 있는 바빌론이었다네. 자네 바빌론이 어디에 있었는지 아는가?"

"메소포타미아 남부 지역 아닌가요?"

"맞네. 우리가 세계사에서 배운 고대의 바벨론 제국이 바로 니므롯이 세운 나라일세. 수메르 문화가 이 나라의 문화였지. 흔히들 노아의 홍수 설화가 수메르 문화에서 구전되다가 모세가 창세기에 기록한 것이라고 말하는데, 그 말은 반은 맞고, 반은 틀렸다네."

"그게 무슨 말씀이세요?"

"수메르 문화를 이룬 사람들이 누구인가? 노아의 후손들 아닌가? 그러니 당연히 노아의 홍수에 대해서 자기 조상들에게 듣지 않았겠는가? 그러니 그 설화는 설화가 아니라 사실인 것이지. 그래서 반은 사실인 것이야. 그리고 반이 틀린 이유는, 모세는 당시 수메르 문화나 사람들의 구전을 듣고 기록한 것이 아니라 하나님께 직접 듣고 기록했기 때문이라네. 만약 모세가 구전을 듣고 성경을 기록했다면, 우리가 지금까지 살펴본 빙하의 문제나 석탄과 석유의 문제들은 누구에게 듣고 기록했겠는가? 그러니까 그 당시의 홍수 설화가 성경의 기록과 같다고 해서 무조건 모세가 그 설화를 옮겨 적었다고 말하는 것은 틀린 것이지."

"교수님 설명을 들으니 맞는 말씀이신 것 같습니다."

"그럼 최초의 문명이 왜 메소포타미아에서 시작되었는지에 대한 의문점은 풀렸는가?"

"예, 풀렸습니다. 그렇게 보니까 그전의 문명은 왜 없고, 문명의 최초 연대가 왜 BC 4,000년밖에 안 되느냐는 의문점도 자연히 풀리는데요?"

"어떻게?"

"노아의 홍수와 대지진이 있었다면 그때까지 사람이 살던 문명의 흔적은 당연히 사라지지요. 그러니까 최초의 문명의 역사가 노아의 홍수 이후가 될 수밖에 없지 않습니까?"

"맞네. 자네는 역시 똑똑해. 그럼 왜 이집트 문명이 두 번째인

지도 알겠군."

"예, 아까 성경을 읽을 때 이집트라는 이름에 밑줄을 쳐놓으셨던데요?"

"그래서?"

"노아의 후손 중에 이집트라는 사람이 있었는데, 그 사람이 먼저 그 지역에 가서 살았기 때문에 후대에 그 땅을 이집트라고 부른 것 아닌가요? 보통 옛날 사람들은 사람의 이름을 따서 지역 이름을 부르기도 했잖습니까?"

"맞네. 그러니까 이집트 지역은 문명이 크게 형성되기 전부터 메소포타미아 문명과 인적으로나 물적으로 교류가 활발하게 되고 있었다고 봐야지. 그러다가 메소포타미아 지역에 사람들이 포화 상태가 되면서 점점 이집트로 몰려가게 되었고, 결국 이집트 문명으로 발전하게 된 것이지. 자, 자네의 의문점은 다 풀렸는가?"

"예, 풀렸습니다. 인류 최초의 문명이 어떻게 해서 메소포타미아와 이집트에서 형성되었는지를 성경이 정확히 설명하고 있다는 것이 정말 신기합니다."

"신기하지? 자네는 정말 모세가 여기저기 역사와 이야기들을 주워 담아서 성경을 기록했다고 보나? 아니면 정말 지구를 창조하고, 인류의 모든 것을 지켜본 신이 있어서 기록하게 했다고 보나?"

"부정할 수 없을 것 같습니다."

"뭘 부정할 수 없어?"

"성경의 기록들이 사실이라는 것을요."

"자, 그럼 3단 논법으로 말해 볼까? '하나님이 성경을 기록하게 하셨다. 성경은 사실이라고 밝혀졌다. 그러므로 하나님은 실제로 존재한다.' 인정하는가?"

"예, 하나님이 존재한다는 것을 인정하겠습니다."

"하하, 그럼 내가 내기에서 이긴 거지?"

"예, 교수님이 이기셨습니다."

"그럼 자네는 나와의 약속을 지켜야 하네. 알았지?"

"예."

"대신 조건이 있네. 한 번만 나와 함께 우리 교회에 갔으면 좋겠네. 그리고 그 다음은 자네 마음대로 결정하게. 계속 우리 교회를 다녀도 좋고, 자네가 다니고 싶은 다른 교회를 찾아도 좋고, 아니면 교회를 다니지 않아도 되네."

"예? 교회를 안 다녀도 되다니요? 정말 그래도 됩니까?"

"하하, 반가운 소식인가 보군. 그래도 되네. 난 자네가 나와의 약속 때문에 교회를 억지로 다니기를 원치 않네. 하나님도 원치 않으실 것이고. 난 자네와 한 번만 우리 교회에 가기를 원할 뿐이야."

"교회에 무슨 특별한 행사가 있으세요?"

"무슨 행사가 아니라 난 자네에게 하나님과 교회라는 곳을 한 번이라도 소개해 주고 싶을 뿐이야. 그것도 부담스러우면 거부해도 되네."

박 교수는 우인에게 최대한 부담을 주지 않으려는 듯 미소를 지으며 대답을 기다리고 있었다.

"사실 저도 교수님이 다니시는 교회를 한 번 가보고는 싶었습니다. 교수님이 다니시는 교회는 어떻게 생겼고, 어떤 분들과 다니시는지 궁금해지더라고요."

"정말 그랬어? 다행이네. 약속하지만, 나는 이번 한 번만 같이 가자고 하는 것이네. 그 다음은 자네의 뜻대로 해도 좋아. 알았지?"

"예, 알겠습니다. 교수님이 그렇게 말씀해 주시니까 한결 마음이 편하고 좋습니다."

"그래, 내 제안을 받아 줘서 고맙네. 그럼 이번 일요일 오전 10시 30분에 신촌역에서 만나세. 그때 통화하고."

"알겠습니다. 그럼 그때 뵙겠습니다."

연구실을 나온 우인은 이상한 느낌을 받았다. 처음에는 조금 부담스러운 것이 사실이었지만, 결정하고 나니까 이상하게 한결 마음이 편안해졌기 때문이다. 그리고 교회에 대한 약간의 설렘마저 생기기 시작했다. 전에 교회를 몇 번 나갔던 때하고는 많이 다른 느낌이었다.

열아홉 번째 이야기

확신

우인은 저녁을 먹고, 커피를 한 잔 마시면서 성경을 펼쳤다. 교수님과 교회를 가기로 약속해 놓고 차마 빈손으로 갈 수가 없어서 집에 오다가 서점에 들러서 산 것이다.

'교회 다니는 사람들만 읽는 그들만의 책이라고 생각했는데, 내가 이렇게 직접 사서 읽을 줄은 몰랐네.'

많이 변한 자신의 모습을 생각하며 우인은 멋쩍은 미소를 지었다. 그러다가 문득 우인은 노아의 방주에 대해 궁금증이 생겼다. 교수님의 설명을 들으면서 성경의 가설들이 확실하다는 가장 강력한 증거물이 노아의 방주라는 생각이 들었기 때문이다.

'만약 노아의 방주가 아라랏 산에서 발견이 된다면 어떻게 되는 거지? 반대로 발견이 되지 않는다면 어떻게 되는 거지? 노아의 방주는 아라랏 산에 정말 있을까?

우인은 인터넷 검색창에 '노아의 방주'라고 쳤다. 그랬더니 정말 놀랍게도 이미 노아의 방주를 발견했다는 기사들이 많이 있었는데, 그 중에 이런 기사들이 눈에 띄었다.

〈일간스포츠〉 1974. 4. 11.

"노아의 방주 - 아라랏 산 산정(山頂) 얼음 속에 있다. NASA 인공위성 사진 분석이 발단. 성서학자, 종교단체 앞다퉈 현지탐험을 서둘러."

〈조선일보〉 1974. 7. 6.

"표고 5,165m의 아라랏 산은 구약성서 창세기에 기록된 그 유명한 노아의 방주가 멎었던 산. 이곳을 지나간 고금의 모든 여행가들은 이 노아의 방주의 산에 대해 언급해 놓고 있으며, 이를 확인하기 위한 탐험대가 1829년에서 1955년에 이르기까지 수십 차례 파견돼 오기도 했었다. 1883년 터키 군부에서 파견된 탐험대가 정상 부근의 빙하에서 거대한 목조물을 발견하였고, 1916년에는 러시아 군부에서 150명에 이르는 대탐험대를 파견, 거대한 배의 유해를 발견했었다. 프랑스의 탐험가 페르난드 나바라는 18년 동안 노아의 홍수와 방주에 관한 면밀한 문헌 조사 끝에 그 진실성을 인정하고 1952년부터 3년간에 걸쳐 현지 탐사를 감행했다. 그는 4,100m 지점에서 거대한 배의 현(舷) 부분을 발굴, 1m50cm로 잘라서 짊어지고 돌아왔다. 전문가에게 감정시켜 보았더니 구약성서시대의 목재임이 틀림없다는 고증을 얻은 것이었다."

〈일간스포츠〉 1977. 4. 2.

"「노아 방주」를 탐색- 노아의 방주는 수세기 동안 여러 번 발견됐으며 1916년 낙하산으로 투하된 백러시아 군대 150명은 실제로 방주 안에 들어가 보고 크기를 쟀으며 사진도 찍었다고 말했다. 이들은 방주 안에서 쇠창살이 달린 짐승 우리와 짐승의 털 그 밖에 유품들을 발견하고 돌아와 황제(니콜라이 Ⅱ세)에게 자세히 보고했으나 곧 볼셰비키 혁명이 일어나 이 같은 종교적인 사실은 묻혀 버리고 말았다는 것. 이 중 살아남은 4명의 러시아인들이 후에 미국과 캐나다에 와서 들려준 경험담을 듣고 '74년 탐험을 감행한 2명의 미국인은 터키의 아라랏 산 중턱에서(약 4,000m) 방주로 믿어지는 배의 600m 부근까지 접근했으나 심한 구름과 안개 그리고 시간이 없었기 때문에 돌아올 수밖에 없었다. 그들은 《노아의 방주 재발견》, 《노아의 방주를 찾아서》 등의 책을 출판했다."

〈중앙일보〉 1984. 8. 27.

"터키서 노아 방주 발견. 미 탐험대 제임스 어윈이 터키 동부 해발 5,165m의 아라랏 산에서 구약성경에 나오는 노아의 방주를 발견했다고 주장. 탐사대장 스틴핀스 씨는 앙카라의 미 문화원에 전화를 걸어 어윈이 지난 22일 이 산을 등반한 뒤 방주를 발견했다고 전하고 공식 발표를 하기 위해 문화원 측에 기자회견을 해 두도록 요청했다고 발표했다."

〈일간스포츠〉 2010. 04. 28 정운섭 기자

"27일(현지 시간) AFP 통신 등 외신들은 홍콩에 위치한 기독교 영화제작사 및 터키의 과학자들로 구성된 탐사대가 지난해 10월 터키 아라랏 산 해발 4,000m 지점에서 '목재 구조물'을 발견했다고 밝혔다. 여러 칸으로 구성된 이 목재 구조물은 눈과 화산재 아래에 묻혀 있었는데, 이란에서 실시된 탄소 측정 결과 이 물체가 기원전 2,800년의 것으로 확인되었다는 것.

탐사팀은 성서에 기록된 노아의 방주 건조 시기를 근거로, 이 목재 구조물이 '노아의 방주'로 추정된다는 의견을 최근 언론을 통해 밝혔다. '100퍼센트는 아니지만, 99.9퍼센트 노아의 방주가 맞다고 확신한다'는 것이 관계자의 주장이다. 아라랏 산에서 발견되었다는 이 목재 구조물은 여러 칸으로 되어 있었으며, 목재 기둥 및 널빤지도 있었다고 탐사팀은 밝혔다.

칸막이의 형태로 볼 때 '동물 우리'로 사용된 것으로 보인다는 것이 탐사팀의 설명이다. 성서에 따르면, '노아의 방주'는 길이 137m, 폭 23m, 높이 14m로 테니스장 36개를 합친 것과 같은 크기다."

이런 기사들과 사진들을 보면서 우인의 생각은 점점 하나의 결론으로 모아지고 있었다. 그리고 실제로 빙하 속에서 노아의 방주를 탐험하는 동영상을 보면서 우인은 비로소 확신이 들었다.

'노아의 방주가 실제로 있다니. 정말 성경의 기록대로 그 높은 아라랏 산에 있다니. 성경을 사실이라고 인정하지 않고서는 도저히 설명할 수 없는 일들이 내 앞에서 벌어지고 있다니 정말 놀랍다. 성경이 사실이라니.'

박 교수에게 인정한다고 말했을 때는 논리적인 의미가 컸지만,

지금은 온몸으로 인정하게 되었다. 그러면서 우인의 온몸에 전기가 통하는 것처럼 소름이 돋기 시작했다.

'성경은 사실이었어. 하나님도 정말 존재하고. 이 세상은 그냥 생겨난 것이 아니었어. 내가 지금까지 틀린 거였다니. 이럴 수가.'

이런 생각이 들자, 우인은 제일 먼저 준수가 생각났다. 자신의 이런 변화를 준수에게 말하고, 어떤 이야기라도 듣고 싶었다. 그래서 준수에게 전화를 걸었다.

"당신은 사랑받기 위해 태어난 사람 당신의 삶 속에서 그 사랑 받고 있지요. 당신은 사랑받기 위해 태어난 사람 당신의 삶 속에서 그 사랑 받고 있지요. 태초부터 시작된 하나님의 사랑은 우리의 만남을 통해 열매를 맺고, 당신이 이 세상에 존재함으로 인해 우리에겐 얼마나 큰 기쁨이 되는지. 당신은 사랑받기 위해 태어난 사람 지금도 그 사랑 받고 있지요. 당신은 사랑받기 위해 태어난 사람 지금도 그 사랑 받고 있지요."

우인은 컬러링을 들으면서 마치 천사가 자기를 위해 부르고 있다는 착각을 받았다. 그 정도로 하나님이 존재한다는 확신이 들기 시작했다. 한참 우인이 노래에 심취해 있을 때, 준수의 목소리가 들렸다.

"응, 우인아."
"선배, 정말 장난 아니네."
"뭐가 장난이 아냐?"
"나도 이제 믿어져. 성경도, 하나님도."
"그게 정말이냐? 어떻게 믿게 됐니?"
"노아의 방주가 실제로 아라랏 산에 있대. 지금 기사들과 탐험하는 동영상을 봤어. 그럼 성경에 기록된 것들이 모두 사실인 거 같아. 하나님도 사실이고."

"맞아. 나도 이제 확실히 하나님이 존재하는 것을 믿는다. 전에는 이성적으로 그것이 믿어지지 않아서 고민도 많이 했고, 흔들렸는데 이제는 확실히 믿어진다. 전에는 믿으려고 노력하는데도 잘 안 믿어졌는데 이제는 그냥 믿어진다."

"선배, 나도 그래."

"그래, 잘됐다. 내가 이제 하나님이 믿어진다니까 우리 부모님도 좋아하시고, 우리 애인도 아주 좋아해. 이게 다 네 덕분이야. 우인아, 고맙다."

"나도 선배 만나서 고마워. 그리고 나 이번 주에 교수님이랑 교회 가기로 했어."

"그랬어? 잘했다. 앞으로 너에게 좋은 일이 있을 거야."

"그랬으면 좋겠어. 교회 갔다 와서 또 연락할게."

"그래, 잘 자라."

우인은 달력을 봤다. 자신이 하나님을 믿게 된 역사적인 날을 기억해 두기 위해서였다. 왠지 모를 뿌듯함과 든든함을 느끼게 되었다. 그리고 지훈이 생각났다.

'아! 지훈이한테서 느껴지던 것이 이런 것이었구나.'

지훈이 생각을 하니까 전화가 하고 싶어졌다. 그래서 지갑에서 명함을 꺼내 전화를 걸었다.

"뚜— 뚜—"

"여보세요? F&S 서지훈입니다."

"지훈아, 나야 우인이."

"어 우인아, 왜 이제 전화했니? 난 바로 전화할 줄 알고 한참 기다렸는데. 넌 왜 항상 나를 기다리게 하냐?"

"미안하다. 이것저것 하느라 좀 바빠서 그랬어."

"농담이야, 전화 잘했다. 그때는 얘기도 많이 못하고 헤어져서 미안하다."

"아냐, 지훈이 너에게 정말 진심으로 사과한다."

"갑자기 사과라니. 무슨 말이야?"

"응, 옛날에 너랑 같이 교회를 갔었잖니."

"그랬지. 근데 왜?"

"그때 내가 너무 몰랐던 것 같다. 지금 생각하니까 좀 부끄럽고, 너에게 미안해."

"무슨 일 있니? 다 지난 일인데 왜 지금."

"사실은 나도 이제 하나님을 믿게 된 것 같아."

"뭐라고? 그거 잘됐다. 어떻게?"

"우리 지도교수님하고 내기를 했거든. 하나님을 증명하는 내기. 증명이 되면 내가 믿고, 안 되면 교수님이 교회를 안 다니기로."

"그래서 증명이 됐어? 어떻게 증명이 됐는데?"

"현대 과학으로도 설명이 안 되는 몇 가지 단서들을 성경적으로 해석해 보는 방법이었는데, 정말 신기하더라. 너무 딱딱 맞아떨어지는 거야. 그래서 꼼짝없이 내가 두 손 두 발 다 들었다. 그래서 이번 주에 교수님하고 교회에 가기로 했어."

"정말 잘됐다. 근데 과학자들은 하나님을 믿는 방법도 참 과학적이구나."

"직업병이지 뭐. 너한테 고맙다는 말 하려고 전화했다. 그때 너 만났을 때, 나를 생각하고 기도하고 있다는 말 듣고서 미안하고, 또 고마웠다."

"그렇게 말해 주니 내가 오히려 정말 고맙다. 사실 네가 하나님을 믿게 해 달라고 기도했지만, 이렇게 믿게 될 줄은 나도 정말 몰랐다. 이제 너의 박사 학위와 교수 임용 그리고 결혼을 위해 기도하마."

"그래, 꼭 기도해 줘라. 잘 되면 내가 한턱 쏠게."

"분명히 약속한 거다. 하하."

"언제 시간 내서 한 번 보자. 이만 끊을게."

"그래, 잘 지내고, 또 보자."

"그래."

우인은 전화를 끊고, 결혼을 위해 기도해 주겠다는 지훈의 말을 듣고, 갑자기 현주의 얼굴이 떠올랐다.

'이 소식을 알면 좋아할 텐데.'

부질없는 생각을 지우기라도 하듯이 우인은 고개를 좌우로 흔들었다. 그때 핸드폰 벨이 울렸다. 발신자 이름을 보니 현우였다.

"응, 현우야. 이 밤에 어쩐 일이냐?"

"형, 큰일났어."

"또 왜? 형이 보고 싶었어?"

"아니, 그게 아니라 진짜 큰일이 났다니까?"

"어머니가 다치셨니?"

우인은 진짜 큰일이라는 말에 어머니에게 무슨 일이 있다고 느껴서 자기도 모르게 소리를 지르고 말았다.

"아니, 그게 아니라 글쎄 엄마가 나보고 교회를 같이 가재. 드디어 엄마가 광신도가 되었나 봐. 어제는 교회를 갔다 오는데 보니까 눈이 퉁퉁 부었더라고. 맨날 교회에 가서 우나봐."

"어머니가 정말 그러셨어?"

우인은 어머니가 울었다는 말을 듣고 마음이 아팠다. 그리고 한편으로는 마음이 놓였다. 우신다는 것은 감정의 변화가 있다는 것이고, 감정의 변화가 있다는 것은 대상을 찾은 것이기 때문이다. 어머니가 드디어 남편의 빈자리를 대신할 분을 찾으신 것이다.

"엄마 어떻게 해? 형이 좀 말려줘."

"현우야, 너도 어머니 따라서 교회에 가라."

"형! 형까지 왜 이래? 혹 떼려다가 혹 붙이는 격이네."

"나도 이번 주에 교회에 간다."

"형도? 형은 과학도잖아. 그런 사람이 교회를 다녀? 하나님이 어디 있다고."

"현우야? 너 형 믿지?"

"왜 갑자기 그런 걸 묻고 그래. 당연히 믿지."

"그럼 어머니 따라서 교회에 가라. 너 어머니를 위해 시골에 남았잖아. 하나님이 있는지 없는지는 형이 나중에 따로 만나서 증명해 주마. 알았지?"

"하나님을 증명해 준다고? 그걸 어떻게 증명해?"

"증명할 수 있어. 그러니까 우선 너는 형을 믿고, 어머니랑 함께 교회에 가. 네가 정말 어머니를 위한다면 그렇게 해."

"형은 지금 하나님을 증명해 보고, 교회에 간다고 하는 거야?"

"응, 형도 과학적으로 생각하면 하나님은 절대 존재할 수 없다고 생각했는데, 알고 보니까 오히려 과학적일수록 하나님이 더 정확하게 증명이 되더라. 형도 정말 놀랐어. 너무 신기해. 넌 형을 믿고, 어머니랑 같이 가. 그러면 어머니도 행복해하실 거야."

"그럼 형이 그렇게 얘기하니까 우선은 그렇게 할게. 대신 나중에 집에 올 때, 꼭 나에게도 증명해 줘야 해. 알았지?"

"그래, 역시 우리 현우는 효자다. 형이 나중에 빚 다 갚아주마."

"또 빚 타령이야. 그런 소리 그만하고, 열심히 해서 박사 학위 꼭 받고, 교수님이나 됐으면 좋겠어."

"알았어. 다 잘 될 거야. 어머니를 잘 부탁한다."

"알았어. 잘 자, 형!"

어머니가 우셨다는 이야기며, 현우랑 함께 교회에 가자고 하셨다는 이야기를 듣고, 우인은 이상하게 누군가가 자기와 가족들을 한쪽으로 이끌어가고 있다는 생각이 자꾸 들었다.

스무 번째 이야기

필연

우인은 시간에 맞춰서 도착하려고 서둘렀다. 지하철을 타고 가는 우인의 손에는 성경이 들려 있었고, 옷은 박 교수를 처음 만났을 때 입었던 정장으로 차려입었다. 미리 가서 기다리려고 일찍 갔지만, 약속 장소에 도착해 보니 박 교수가 벌써 와서 기다리고 있었다.

"교수님, 저 왔습니다."

"우인 군, 어서 와. 약속을 지켜주어서 고맙네."

"아닙니다. 당연히 와야지요. 교회가 여기서 가까운가요?"

"응, 조금만 걸어가면 돼. 시간이 조금 남는데 우리 차라도 한 잔 하고 갈까?"

박 교수는 앞서서 카페로 들어갔다. 그리고 서로 커피 한 잔씩을 주문하고, 의자에 앉았다.

"그런데 교수님 한 가지 궁금한 점이 있습니다."

"그래 뭔가?"

"하나님께서 사람들을 벌하시려고 물층을 무너뜨리고, 땅의 깊은 맨틀이 터지게 하셨잖습니까?"

"그러셨지. 그런데?"

"어떻게 그 두 가지 일을 동시에 하셨을까요? 말씀하시니까 바로 그렇게 자동적으로 됐을까요? 아니면 성경이 기록하지 못한 어떤 현상들이 있었을까요?"

질문을 듣고, 박 교수는 빙긋이 웃으면서 말했다.

"자네가 언제 그 질문을 할지 궁금했네. 질문 안 하면 그냥 넘어가고, 질문하면 보여주려고 준비해 뒀지. 사실은 나도 잘 몰라. 그러나 한 가지 추측할 수 있는 자연현상은 있네. 이 사진을 보게."

그러면서 박 교수는 성경에서 사진을 꺼내 보여주면서 말했다.

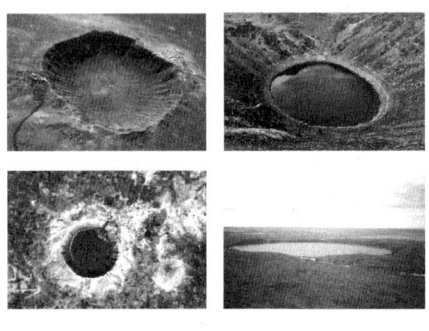

"이게 운석이 지구에 충돌한 흔적이라네. 지구상에 이런 운석 충돌 흔적들이 참 많은데, 남아프리카 공화국에는 지름이 약 300km 정도의 큰 운석 구덩이도 있고, 남

극에는 지름이 약 500km 정도의 구덩이가 만년설에 덮여 있다네. 이런 충돌이 있었다면 지구에는 그 충격이 얼마나 컸겠는가? 현재까지 발견된 운석공(meteor craters)들은 약 170여 개 정도라네. 사실 깊은 바닷속에는 이런 구덩이보다 더 큰 것들이 훨씬 더 많이 있겠지. 자네는 이 정도 크기의 운석들이 충돌했다면 그 당시 지구에는 어떤 현상이 벌어졌을 것이라고 생각하는가?"

"일단 지구는 충돌에 의해 심하게 울리고, 충격을 받은 맨틀은 요동치면서 마그마를 분출하며 화산 폭발을 일으켰을 것이고, 곳곳마다 지진이 나서 땅은 갈라지고, 융기와 침강이 일어나고, 정도에 따라서는 큰 땅덩어리들이 갈라지는 현상이 일어났겠는데요."

"역시 자네는 대단해. 응용력과 창의력이 뛰어나단 말야. 실제로 미국 지질학자가 계산한 바에 의하면 소행성 직경이 200m일 경우 운석공 직경은 약 3km가 되고, 히로시마 원자탄의 약 5만 개 수준의 파괴력을 나타낸다네. 지구상의 모든 문명이 파괴되는 수준이지. 자, 그럼 과거의 지구처럼 물층이 지구를 감싸고 있었다면 이런 운석 충돌은 그 물층에 어떤 영향을 주었을까?"

"물층에요? 물층이 있는 지구에 이렇게 크고, 많은 운석들이 충돌했다면, 물층은 마치 물방울이 터지듯이 터지고, 그 물들은 우주로 퍼지는 것이 아니라 운석들과 함께 지구로 쏟아져 내렸을 것 같은데요?"

"그렇게 생각되지? 그럼 물층이 있었던 과거의 지구에서 이런 수많은 운석 충돌이 오랜 기간 동안 여러 차례 일어났다고 볼 수 있겠나?"

"그렇게 생각하니까, 아니겠는데요. 이렇게 큰 충돌이라면 물층에 분명히 큰 영향을 미쳤을 것 같습니다."

"그럼 언제 이렇게 수많은, 그리고 큰 운석들이 지구에 충돌했겠는가?"

"두 번째 가설처럼 땅 속의 깊은 샘들이 터지고, 하늘의 홍수의 문이 열리는 때라면 확실하겠는데요."

"감이 좀 잡히는가? 정설이라고 할 수는 없지만, 나도 자네와 같은 생각이네. 최근에 운석 충돌과 같은 재난 영화에도 나오지만, 보통 큰 운석들은 한두 개가 아니라 수많은 소행성이나 운석들을 몰고 다닌다네. 하나만 떨어지는 것이 아니라 수많은 운석들이 지구로 쏟아진다고 봐야지. 그런 특성으로 보아 두 번째 가설처럼 전 지구적으로 운석 충돌이 일어나고, 그에 따라 전 지구적으로 대홍수와 화산 폭발과 지진이 일어났다고 봐야지."

"교수님의 설명을 듣고 있으니까 수많은 운석 무더기가 지구 궤도권에 들어와 충돌을 하면서 물층을 터뜨리고, 동시에 곳곳마다 지표면과 충돌하고, 그 결과로 화산 폭발과 지진을 일으키는 장면들이 보이는 것 같습니다. 정말 대단한데요. 대홍수와 대지진이 전 지구적으로 동시에 일어나고, 전 대륙에 그렇게 많은 석탄과 석유가 매장될 수 있으려면 그런 현상이 아니고는 불가능하겠는데요?"

우인은 한 편의 스펙타클한 영화를 보듯이 감탄하면서 이야기를 하고 있었다.

"운석 충돌 때문에 공룡이 지구상에서 사라졌다는 운석 충돌설에 대해 들어봤지?"

"예, 들어봤습니다. 그러고 보니까 그 설이 맞는 것 같은데요?"

"어느 정도는 맞다고 봐야지. 어디 공룡만 사라졌겠는가? 운석 충돌은 지구에 엄청난 대격변을 일으키고, 지구상에 존재하는 모든 것들을 다 대홍수와 지진과 화산 폭발과 진흙 속에 파묻어버렸겠지."

"그 동안 진화론에서 말하는 것처럼 오랜 세월 사건들이 하나씩 차례대로 일어났다고 생각했던 것이 부끄러운데요? 교수님이 그때 왜 그렇게 화를 내셨는지 이해가 갑니다."

"내가 그렇게 화를 냈나? 하하. 자, 시간이 되었는데, 우리 이제 함께 걸어가면서 이야기를 나눌까? 혹시 전에 교회를 가본 적이 있나?"

"예, 친구 따라 몇 번 가본 적은 있지만, 계속 다니지는 않았습니다."

"왜? 불편했나? 아니면 다른 이유라도 있었나?"

"다른 이유는 아니고요. 성경 이야기나 하나님에 대한 이야기들이 꼭 동화처럼 느껴지고, 마음에 와 닿지가 않더라고요. 친구는 자꾸 다니면서 듣다 보면 믿어진다고 했지만, 그냥 포기하고 말았습니다."

"충분히 이해하네. 과학적인 사고를 하는 사람들은 보통 설교를 그냥 듣는다고 해서 믿어지지 않지. 왜냐하면 보통의 설교는 대개 사람의 감성에 호소하는 내용과 형식으로 구성되고, 전달이 되거든. 예를 들면, 고난, 고통, 외로움, 걱정, 근심과 같은 감정의 문제들을 해결해 주기 위한 방식과 내용이 많아. 과학적인 사고를 하는 사람들에게는 감동이 아니라 먼저 이성적으로 납득이 되어야 하는데, 그게 어려운 문제거든. 그래서 아마 자네도 그때 교회를 다니기가 힘들었을 거야."

"교수님 말씀이 맞습니다. 그때 누군가가 저에게 교수님처럼 납득이 될 만한 내용과 방식으로 설명해 주었다면 저는 교회를 떠나지 않았을지도 모릅니다."

"그랬겠지. 그러나 자네도 이건 알아야 하네. 사람은 이성과 감성을 다 가지고 있다네. 이 두 가지가 다 중요해. 이성만 강조하면 사람이 메마르고 딱딱한 사람이 될 수 있고, 감성만 강조하면 감정 기복이 너무 심해서 불안정한 사람이 될 수 있지. 신앙도 그렇더라고. 이성적인 신앙과 감성적인 신앙의 균형을 항상 유지해야 하네."

균형이라는 단어를 들으면서 우인은 미소를 지었다. 미시적 부분과 거시적 부분의 균형을 이루어야 한다는 박 교수의 말이 생각났기 때문이다.

"여기서도 균형이 중요하군요."

"그럼, 사람이 있는 곳은 항상 균형이 잡혀야 하네. 그래야 건강하고, 건강해야 제대로 성장하게 되는 것이지."

"예, 잘 알겠습니다."

"이제 다 왔네. 여기가 우리 교회야."

박 교수의 인도를 따라 우인은 교회 안으로 들어갔다. 그리고 안으로 들어가서 안내를 보는 사람들에게 안내지를 받아들고, 중간쯤으로 들어가서 박 교수 옆자리에 앉았다. 교회는 이미 좌석의 반 이상이 찼고, 일찍 온 사람들은 조용히 성경을 읽거나 기도를 하고 있었다. 들어가자마자 박 교수는 조용히 기도하기 시작했고, 우인은 안내지를 살펴보았다. 안내지에 보니까 예배 순서며, 여러 가지 교회 소식들이 적혀 있었다. 그러다가 우인은 낯익은 이름을 발견했다. 박영길 집사.

'아, 교수님이 집사님이셨구나.'

그렇게 생각하고 있는데, 사회자가 나오더니 인사를 하면서 찬양을 불렀다. 주변 사람들도 밝은 얼굴로 함께 손뼉을 치면서 찬양을 불렀다. 그때 우인의 귀에 낯익은 멜로디와 찬양이 들리기 시작했다.

"당신은 사랑받기 위해 태어난 사람 당신의 삶 속에서 그 사랑 받고 있지요. 당신은 사랑받기 위해 태어난 사람 당신의 삶 속에서 그 사랑 받고 있지요. 태초부터 시작된 하나님의 사랑은 우리의 만남을 통해 열매를 맺고, 당신이 이 세상에 존재함으로 인해 우리에겐 얼마나 큰 기쁨이 되는지. 당신은 사랑받기 위해 태어난 사람 지금도 그 사랑 받고 있지요. 당신은 사랑받기 위해 태어난 사람 지금도 그 사랑 받고 있지요."

찬양을 들으면서 우인은 갑자기 현주가 생각 났다. 준수 선배 애인처럼 현주가 자기를 위해 이 노래를 불러주면 좋겠다는 생각을 하면서 약간 쓸쓸한 미소를 지었다. 찬양이 끝나고 교인들이 잔잔하게 소리를 내서 기도를 하였다.

기도가 끝나고, 피아노 연주가 울렸다. 우인이 주변을 살펴보니까 사람들이 조용히 눈을 감고 감상하는 것 같았다. 그리고 연주가 끝나자 사람들이 고개를 들었다. 우인도 따라서 고개를 들었다. 앞에는 목사님 같은 분이 설교를 하기 시작하였다. 부드럽고 편안한 분위기를 풍기는 목사님은 조용하고 차분하게, 그러면서도 세련되게 설교를 하였다. 그래서 그런지 설교의 내용들은 거부감 없이 우인의 귀에 전달되었다.

'지난번 교회와 많이 다르구나. 교회 분위기도 다르고, 목사님 설교도 다르고. 지난번 교회는 더 크고, 사람들도 많았지만, 왠지 불편하고 마음에 와 닿지 않았는데, 이 교회는 편하고 밝고, 자유롭다는 느낌이 드네. 교수님이 이래서 다니시는 모양이구나.'

우인은 예배 중간 중간에 주변 사람들을 둘러보았다. 교인들도 밝고 자유롭고, 그러면서도 지나치지 않게 친절하고, 만족스러운 미소를 띠고 있었다.

예배 후에 박 교수는 다른 교인들과 인사를 하고, 악수를 나누었다. 그러면서도 우인을 다른 교인들에게 소개시키지 않았다. 우인은 내심 다른 교인들을 소개시키면 어쩌나 하고 걱정하고 있었는데, 다행스럽게도 박 교수는 우인의 그런 마음을 아는지 그냥 편하게 내버려 두었다. 다른 교인들도 우인을 보고는 미소를 지으며 눈인사를 할 뿐 아무도 누구냐고 묻지도 않고, 말을 걸지도 않았다. 환영한다는 느낌은 받지만, 우인의 프라이버시를 존중하고 있다는 느낌을 받았다. 우인은 그런 느낌이 편하고, 좋았다.

사람들과 인사를 나누고 있는 박 교수를 보고 있는데, 누군가 뒤에서 우인을 불렀다.

"어머, 우인 씨 아니세요?"

우인은 그 목소리를 듣는 순간 심장이 멈추는 것 같았다. 외로움을 느낄 때면 가끔씩 생각나던 낯익은 목소리, 현주의 목소리였다.

'이럴 수가, 여기서 만나게 되다니.'

우인은 목소리를 듣고, 바로 돌아설 수 없었다. 너무 반갑고 놀라워서 어떤 표정을 지어야 할지 몰랐기 때문이다. 그래서 마음을 들키지 않으려고 잠시 마음을 가다듬고 천천히 돌아섰다. 그리고 태연하게 대답했다.

"아니, 현주 씨 아니세요? 현주 씨도 이 교회에 다니세요?"

"예, 우인 씨는 어쩐 일이세요?"

그때 박 교수가 대화에 끼어들었다.

"두 사람이 아는 사이였어?"

그러자 현주가 밝게 웃으면서 말했다.

"예, 집사님. 회사 언니랑 만나다가 우연히 한 번 뵌 적이 있었어요."

"그랬어? 우인 군은 내가 오늘 하루만 우리 교회에 오자고 해서 나온 거야."

"아, 그러셨구나. 집사님도 그 학교에 다니시는 것은 알았지만, 두 분이 서로 알고 계신지는 몰랐어요."

현주는 그렇게 말하고 우인을 바라보며 말했다.

"정말 반가워요. 어떻게 지내시는지 궁금했는데."

우인은 현주가 자신을 궁금해했다는 말을 듣고, 얼마나 기뻤는지 모른다. 현주 역시 자기를 못 잊고 있었다고 생각하니 현주에 대한 마음이 다시금 불타오르는 것 같았다.

"그런데 두 사람 가까운 사이인가 봐? 눈빛이 예사롭지 않은데?"

박 교수가 놀리듯이 말하자, 현주는 부끄러운 듯 얼굴을 붉히며 말했다.

"박 집사님, 아니에요. 그냥 한 번 만난 적밖에 없다니까요."

"그래? 그런데 둘이 잘 어울리는데?"

박 교수의 말을 듣고 우인은 매우 기뻤다. 현주의 반응이 궁금해서 살짝 쳐다보았는데, 현주 역시 쑥스러운 듯 얼굴을 붉혔지만, 활짝 웃고 있었다. 그 웃는 얼굴이 천사처럼 아름답게 보였다.

"현주 자매, 내가 목사님과 잠깐 할 얘기가 있어서 그런데, 우인 군하고 식당에 가서 먼저 점심 식사를 하고 있으면 안 될까? 내가 금방 갈게."

"예, 다녀오세요."

"우인 군, 내가 좀 갔다올 테니 현주 자매랑 먼저 식사하고 있게."

"예 교수님, 다녀오세요."

우인은 박 교수에게 인사를 하면서 너무 기뻐 가슴이 벅차오르는 것을 느꼈다.

"우인 씨, 이쪽으로 오세요. 3층이 저희 식당인데, 교회 점심이 정말 맛있어요."

우인은 현주와 함께 나란히 가면서 뷔페 접시에 음식을 담아서, 함께 식탁에 앉았다.

"그런데 우인 씨는 교회를 싫어하지 않으셨어요?"

"그랬지요. 그런데 이렇게 오게 됐네요."

"무슨 일 있으셨어요?"

"박 교수님이 제 논문 지도교수님이세요. 그런데 논문에 대해서 대화를 하다가 하나님에 대해 과학적으로 증명할 수 있다는 이야기가 나와서 함께 공부 좀 했어요."

"그래서 하나님에 대해서 공부하고, 믿기로 하신 거예요?"

우인은 큰소리로 '그렇다'고 대답하고 싶었지만, 꾹 참았다. 그리고 마지못해 대답하는 것처럼 작은 소리로 대답했다.

"예."

"어머, 잘 됐네요. 정말 축하해요."

현주는 자기 일처럼 박수를 치면서 기뻐했고, 기뻐하는 현주의 얼굴을 보면서 우인은 속으로 매우 기뻤다.

"그럼 우리 교회는 계속 나오실 거예요?"

사실 우인의 마음은 이미 예배 시간에 기울었다. 그리고 현주의 목소리를 들은 순간부터 그 결정은 더욱 확실해졌다. 그러나 우인은 현주의 질문에 얼른 '예'라고 대답하기가 어려웠다. 이미 민희를 통해 서로의 마음을 알고 있었기 때문이다.

"잘 모르겠어요."

우인이 머뭇거리자 현주가 이해한다는 듯이 미소를 지으며 말했다.

"편하실 대로 하세요. 저희 교회는 막 붙잡고, 강요하지 않아요. 각자의 결정을 존중하고, 선택에 맡기는 편이지요. 우인 씨도 편하게 결정하세요."

"예."

현주는 빨리 분위기를 바꾸려는 듯 다른 화제를 꺼내면서 환하게 웃었다.

"식사는 어때요? 맛있지요?"

자신의 마음을 편하게 해주며 활짝 웃는 현주의 미소를 보며 우인은 누군가가 자신의 인생을 아름답고 행복한 길로 인도하고 있다는 느낌을 강하게 받았다. 그리고 이제 그 손길에 자신을 맡기고 싶다는 마음이 들었다. 그러자 갑자기 마음이 편안해지면서 자신의 미래가 잘 될 것이라는 희망이 마음 깊은 곳에서 샘솟기 시작했다.

```
판 권
소 유
```

신(神)의 발자국

2011년 7월 15일 1판 1쇄 발행
2015년 3월 10일 2판 8쇄 발행

지은이 | 정은일
발행인 | 이형규
발행처 | 쿰란출판사

주소 | 서울특별시 종로구 이화장길6(이화동)
TEL | 02-745-1007, 745-1301~2, 747-1212, 743-1300
영업부 | 02-747-1004, FAX / 02-745-8490
본사평생전화번호 | 0502-756-1004
홈페이지 | http://www.qumran.co.kr
E-mail | qrbooks@gmail.com
         | qrbooks@daum.net
한글인터넷주소 | 쿰란, 쿰란출판사

등록 | 제1-670호(1988.2.27)

책임교열 | 김윤이 · 오완

값 10,000원

ISBN 978-89-6562-145-4 03230

* 이 출판물은 저작권법에 의해 보호를 받는 저작물이므로 무단 복제할 수 없습니다.
  잘못된 책은 교환해 드립니다.